U0962614

体育课程评价的
理论框架构建与实证研究

王 美 著

中国商业出版社

图书在版编目(CIP)数据

体育课程评价的理论框架构建与实证研究 / 王美著. 北京 ：中国商业出版社，2025. 2. -- ISBN 978-7-5208-3327-1

Ⅰ. G807.01

中国国家版本馆CIP数据核字第2025X2M244号

责任编辑：朱丽丽

中国商业出版社出版发行

（www.zgsycb.com　100053　北京广安门内报国寺 1 号）

总编室:010－63180647　编辑室:010－63033100

发行部:010－83120835/8286

新华书店经销

北京虎彩文化传播有限公司印刷

*

787 毫米×1092 毫米　16 开　8.5 印张　146 千字

2025 年 2 月第 1 版　2025 年 2 月第 1 次印刷

定价：45.00 元

* * * *

（如有印装质量问题可更换）

前　言

在当代教育体系中，体育课程作为促进学生身心健康、增强学生体质、培养学生团队精神及运动技能的重要途径，其质量与评价机制日益受到社会各界的广泛关注。随着教育理念的不断进步和体育科学的快速发展，体育课程评价不再局限于对学生体能指标的简单测量，而是趋向于多元化、综合化的评价体系构建，旨在全面评估体育教学的效果、学生的体育素养及体育活动的参与度。

理论框架的构建是体育课程评价的基础与核心，它不仅能够为评价实践提供理论指导和操作框架，还能确保评价过程的科学性、客观性和有效性。然而，理论框架的构建仅是起点，其实证应用与效果验证才是检验其可行性与有效性的关键。通过实证研究，可以深入了解不同评价指标在实际教学中的运用情况，分析评价结果的信度与效度，进而对理论框架进行修正与完善。此外，实证研究还能揭示体育课程评价中存在的具体问题，为进一步优化评价体系提供实践依据。

本书首先对体育课程的基本理论进行了阐述，其次深入探讨了体育课程评价的理论框架、方法，对体育课程评价的实证进行了研究，最后对体育课程评价的创新发展展开系统研究。希望通过本书的介绍，能够为读者在体育课程评价的理论框架构建与实证研究方面提供帮助。

在写作过程中，笔者参阅了相关文献资料，谨向其作者深表谢忱。

由于水平有限，疏漏和缺点在所难免，希望得到广大读者的批评指正，并衷心希望同行不吝赐教。

王　美

2024 年 9 月

目　录

第一章　体育课程的基本理论

第一节　体育课程的设计

一、体育课程设计的基本原则

（一）科学性原则

体育课程设计的科学性原则在于通过科学的方法和理论来指导课程的开发和实施。体育课程设计应基于科学的教育心理学原理，以确保课程内容符合学生的认知水平和心理发展需求。这意味着在设计体育课程时，必须充分考虑学生在不同年龄阶段的心理特征和认知能力，确保课程内容既具有挑战性，又能够被学生有效理解和掌握。科学性原则要求体育课程设计者深入理解教育心理学的基本概念和理论，运用这些理论来指导体育课程内容的选择和教学策略的制定，从而提高体育课程的教育效果和学生的学习成果。

课程设计需遵循运动生理学的基本规律，合理安排运动量和运动强度，以促进学生的身体健康和运动能力发展。运动生理学为教师提供了关于人体在运动中如何反应和适应的科学依据，指导教师在课程中合理设置运动的频率、时间和强度。这不仅有助于防止运动损伤，还能有效地提高学生的体能和运动表现。科学性原则要求在课程设计中，充分利用运动生理学的研究成果，确保学生在参与体育活动时能够获得最佳的健康和体能收益。

体育课程应结合运动技能的学习理论，确保所设计的课程能够有效提升学生的运动技能和实践能力。运动技能的学习是一个复杂的过程，需要通过科学的方法进行系统的训练和实践。课程设计应基于运动技能学习理论，合理安排教学内容和活动，帮助学生在实践中不断提高运动技能水平。科学性原则强调课程设计者应关注技能学习的阶段性和个体差异，采用多样化的教学方法，以适应不同学生的学习节奏和需求。

体育课程应基于最新的运动科学研究成果，及时更新课程内容，以反映现代体育发展的趋势和技术进步。随着运动科学的不断发展，新技术和新方法不断涌现，为体育课程设计提供了新的视角和工具。科学性原则要求课程设计者密切关注运动科学领域的最新研究动态，及时将这些研究成果转化为课程内容和教学实践。这不仅有助于提高体育课程的现代性和前瞻性，还能为学生提供接触和学习最新体育技术的机会，帮助他们更好地适应未来的发展需求。

（二）系统性原则

1. 强调课程设计的整体性和协调性

在体育课程中，系统性原则不仅指课程内容的有序排列，还涵盖了多学科知识的整合。通过将心理学、教育学和运动科学等领域的理论与实践相结合，形成一个全面的课程框架，能够更好地促进学生的全面发展。这要求在课程设置中考虑到各个学科之间的内在联系，从而为学生提供一个多维度的学习环境，帮助他们在体育活动中获得更深刻的体验和理解。

2. 系统化安排课程内容

课程内容应根据学生的学习阶段和能力水平进行合理的划分和安排，以确保学习过程的循序渐进。这种系统化的安排不仅有助于学生掌握基本的运动技能和理论知识，还能帮助他们在实际应用中不断提升自己的能力。通过系统化的学习，学生能够在各个阶段逐步积累知识和技能，为今后的发展奠定坚实的基础。

3. 建立清晰的目标体系

目标体系的建立需要确保课程的各个模块之间相互关联，形成一个有机的整体。这样的设计能够促进学生在各项技能和知识上的综合发展。通过明确的目标导向，学生可以更有针对性地进行学习和训练，提升自己的综合素养。同时，清晰的目标体系也为教师的教学提供了明确的方向和依据，有助于教学效果的提升。

4. 考虑不同运动项目之间的协调性

不同运动项目之间的协调性不仅体现在运动技能的相互补充上，还包括运动理念和策略的相互借鉴。通过合理的项目组合，学生能够在多样化的运动体验中提升自身的运动能力。这样的设计不仅有助于学生在体育活动中获得更全面的技能，还能培养并提升他们的运动兴趣和积极性。

二、体育课程设计的目标设定

（一）健康目标

体育课程设计的健康目标旨在通过系统化的课程规划，增强学生的身体素质，以及心肺功能和肌肉力量，进而促进学生全面的健康发展。现代社会对身体健康的要求不断提升，体育课程作为一种有效的教育手段，通过科学合理的目标设定，可以帮助学生在体能方面取得显著进步。具体来说，课程中包含的多样化运动项目，如有氧运动和力量训练等，不仅能提升学生的心肺耐力和肌肉力量，还能有效预防慢性疾病。这种全方位的身体素质提升，正是体育课程健康目标的重要体现。

在体育课程中，培养学生的运动习惯至关重要，这不仅是为了提高学生的运动技能，更是为了引导他们在日常生活中自觉参与体育锻炼，养成健康的生活习惯。通过课程中的实践活动和理论教学，学生可以认识到运动对于保持身体健康的积极影响，从而逐渐养成良好的运动习惯。学校体育课程应注重设置多样化的运动项目，以满足不同学生的兴趣和需求，激发他们的运动热情。通过长期的课程参与，学生能够将运动变成生活的一部分，进而形成一种积极向上的生活态度。

体育课程不仅关注身体素质的提升，还强调健康知识的传播和健康意识的培养。通过课程的理论教学部分，学生能够系统地学习与健康相关的知识，包括营养学、运动生理学、健康心理学等。掌握这些知识有助于学生理解健康生活方式的重要性，并在日常生活中做出科学合理的健康决策。课程设计中应融入多种教学方法，如案例分析和小组讨论，以提高学生的学习兴趣和认知水平，最终实现健康意识的内化和良好行为习惯的养成。

（二）技能目标

体育课程设计中的技能目标不仅是为了提升学生的运动能力，更是为了全面提高其在体育活动中的参与度和表现力。首先，基本运动技能的提升是技能目标的重要组成部分。通过系统的训练，学生能掌握跑、跳、投等多种基础运动技能。这些基本技能是参与体育活动的基础，确保学生能够在各种体育环境中自信地参与和表现。通过不断的练习和评估，学生不仅能提高身体素质，还能增强对动作的控制和身体的协调性，从而在体育活动中获得更大的乐趣和成就感。

在掌握基本运动技能的基础上，体育课程还注重培养学生的专项运动技能。这意味着学生在特定的运动项目中能够达到一定的技术和竞技水平。通过专项技能的训练，学生不仅能够在个人项目中有出色的表现，还能在竞赛中表现出较高的竞技水平。专项技能的培养需要经过长期的实践和反复的训练，强调技术的精确性和动作的标准化。因此，课程设计中还应包含针对不同运动项目的专项训练计划，以帮助学生在某一领域达到专业水平。

战术意识和比赛策略的发展也是技能目标中的关键部分。学生在团队运动中需要理解和运用战术配合与角色分工，这不仅有助于提升个人的比赛能力，还能增强团队的整体表现。通过对比赛策略的学习，学生能够在实际比赛中灵活应对各种情况，作出有效的决策。战术意识的培养需要通过实际比赛和案例分析相结合的方式进行，使学生在理论学习和实践操作中不断提升自己的战术水平。

（三）知识目标

1. 提高学生对运动生理学和运动心理学基本知识的理解

通过系统的课程设计，学生能够深入了解运动对身体各系统的影响，以及心理因素如何影响运动表现。这不仅有助于学生在参与体育活动时作出更科学的决策，还能激发他们持续参与体育锻炼的兴趣和动力。国内外比较研究表明，掌握运动生理学和心理学知识的学生在体育活动中的表现和参与度显著提高。

2. 培养学生对体育运动相关法律法规的认知

这一目标旨在增强学生在参与体育活动中的责任感和遵守规则的意识。通过体育法治教育，学生能够了解体育活动中的权利与义务，认识到遵守规则的重要性。这不仅有助于维护体育活动的公平性和安全性，也能使学生在社会生活中养成遵纪守法的良好习惯。相关统计数据显示，法律法规教育在体育课程中的引入，有效地减少了违规行为的发生。

3. 促进学生对体育文化和体育精神的理解

在体育课程中，学生将接触到丰富的体育文化历史和体育精神内涵。这有助于他们在参与体育活动时培养团队精神和公平竞争的价值观，从而在个人和团队层面上获得更丰富的体验。体育精神的培养不仅体现在比赛中，也渗透到学生日常的学习和生活中，成为其道德品质的重要组成部分。国内外差异分析显示，不同文化背景下的体育精神教育对学生行为方式的影响各有侧重。

4. 增强学生对健康饮食和生活方式的认知

通过课程的学习，学生能够掌握基本的营养知识，了解健康饮食对运动表现和身体健康的重要性。这种知识的普及有助于学生在日常生活中作出更有利于健康的选择，预防因不良生活方式导致的各种健康问题。未来趋势表明，随着健康问题的日益突出，体育课程在健康教育中的作用将越发重要，学生对健康知识的需求也将不断增加。

三、体育课程设计的内容选择

（一）基础运动技能内容

基础运动技能内容在体育课程中占据核心地位，旨在为学生提供必要的运动技能基础。这些技能不仅是学生在参与各类体育活动时的基本要求，也是他们在日常生活中保持健康生活方式的基础。基础运动技能内容的选择应充分考虑学生的年龄、身体发展阶段和兴趣爱好，以确保课程的适应性和有效性。在体育课程设计中，基础运动技能的选择应基于科学的理论框架，结合实践经验，以实现体育教育的目标。

基础运动技能是指学生在体育活动中最基本的动作技能，包括跑、跳、投等。这些技能是学生参与各种运动项目的基础，通常分为基本运动技能和专门运动技能两类。基本运动技能是指广泛应用于多种运动项目的技能，专门运动技能则是针对特定运动项目所需的技能。对基础运动技能进行正确定义与分类，有助于教师在课程设计中更有针对性地选择和安排教学内容，从而提高教学效果。

在基础技能内容的教学中，明确的教学目标和科学的评价标准是提高教学质量的关键。教学目标应包括运动技能的掌握、身体素质的提高以及良好运动习惯的养成等多个方面。评价标准则需根据学生的年龄、性别、身体条件等因素制定，确保其具有可操作性和公正性。通过合理的教学目标和评价标准，教师可以有效地指导学生的学习过程，并及时调整教学策略，以满足学生的个性化需求。

此外，由于各运动项目对基础技能的要求不同，教师在设计课程时需结合具体项目特点，选择合适的基础技能内容。例如，在篮球课程中，运球、传球、投篮等技能是基础技能的重点，在田径课程中，跑、跳、投等技能则是教学的核心。通过合理的技能应用，学生能够在不同运动项目中灵活运用所学技能，提高运动表现。

（二）竞技项目内容

竞技项目的定义涵盖了广泛的体育活动，通常可以分为团队竞技和个人竞技两大类。团队竞技项目，如篮球、足球等，强调集体协作与策略执行；个人竞技项目，如田径、游泳等，则更注重个人能力的发挥与心理素质的培养。两者在体育课程中都很重要，因为它们不仅能够促进学生身体素质的全面发展，还可以培养学生的团队合作精神和个人竞争意识。在设计体育课程时，合理选择和安排竞技项目内容是实现课程目标的关键。

竞技项目内容的教学目标在于提升学生的竞技能力和团队合作精神。具体而言，体育课程设置竞技项目的训练与比赛，旨在提高学生的运动技能、战术意识以及团队协作能力。教学目标的设定应结合学生的年龄、身体条件和兴趣爱好，以确保课程的有效性和吸引力。此外，体育课程还应关注学生的道德教育，通过竞技项目培养学生的公平竞争意识和良好的体育道德，促进学生的全面发展。

在竞技项目的教学中，教学方法与策略的选择至关重要。教师可以通过技术示范、模拟比赛以及反馈机制等方式，帮助学生掌握基本技能和战术意识。技术示范是教学的基础，教师通过亲自示范动作要领，能使学生直观地理解和模仿。模拟比赛则提供了一个真实的练习环境，让学生在实战中运用所学技能。此外，反馈机制可以及时帮助学生纠正错误，提高学习效果。通过这些教学方法，学生不仅能提升竞技能力，还能在竞争中学会沟通与合作。

竞技项目内容在学生心理素质培养中同样具有重要作用。通过参与竞技项目，学生能够提升自信心、抗压能力和竞争意识。竞技体育的特性决定了学生在参与过程中会面临挑战和压力，这有助于锻炼他们的心理承受能力。与此同时，竞技项目也能给学生提供宝贵的实战经验，帮助他们在心理上更好地应对未来的挑战。因此，体育课程设计中应重视竞技项目的心理教育功能，促进学生心理素质的全面提升。

（三）健康教育内容

健康教育内容在体育课程设计中扮演着至关重要的角色，它不仅是传授学生健康知识的载体，更是学生养成健康生活方式和形成正确价值观的关键环节。通过系统的健康教育，学生能够在体育活动中理解健康的多维度含义，包括生理、心理和社会健康等。健康教育内容的设计应综合考虑学生的年龄、兴趣和认知水平，确保其内容的适切性和可行性，从而有效地促进学生的全面发展。

健康教育内容应强调营养知识的传播，帮助学生了解均衡饮食的重要性及其对运动表现和健康的影响。营养是健康的基石，合理的饮食能够为学生的成长和体育活动提供必要的能量和营养。通过课程，学生能够学习如何选择健康的食物，理解不同营养素的功能，以及如何将营养知识应用于日常生活中，以支持其运动表现和整体健康。这种知识不仅有助于学生在青少年时期的健康发展，也能为其成年后的健康生活奠定基础。

课程应包含心理健康教育，教授学生应对压力和焦虑的策略，提升其心理韧性和整体幸福感。在现代社会中，学生面临的压力和挑战日益增加，心理健康问题也日益突出。通过心理健康教育，学生可以学习如何识别和调节压力，发展积极的自我认知和情绪调节能力。这不仅有助于提升他们在体育活动中的表现，也能增强他们在学业和生活中的适应能力，从而提升其整体幸福感和心理健康水平。

健康教育内容应注重运动与健康生活方式的关系，鼓励学生养成终身运动的习惯，提升生活质量。体育课程不仅是传授运动技能的平台，更是培养健康生活方式的有效途径。通过体育课程，学生可以理解运动对健康的多重益处，包括增强体质、提高免疫力和改善心理状态等。课程应设计多样化的运动项目，激发学生的运动兴趣，帮助他们在运动中发现乐趣，进而养成积极的运动习惯，提升其生活质量。

课程中应融入疾病预防知识，提高学生对常见运动损伤及其预防措施的认知，以减少运动风险。现代体育活动中，运动损伤是一个不可忽视的问题。通过疾病预防教育，学生可以学习如何正确进行热身、拉伸和使用保护装备，从而降低运动损伤的风险。此外，课程还应教授学生如何识别和处理常见运动损伤，以便在受伤时能够及时采取正确的措施，减少运动损伤对身体的影响。

健康教育内容应关注社会责任，培养学生对公共健康问题的关注与参与意识，鼓励他们积极参与社区健康活动。体育课程不仅是个人健康的教育，更是对学生社会责任感的培养。通过关注公共健康问题和参与社区活动，学生可以增强对社会健康问题的理解和责任感。这种教育有助于培养学生的公民意识，鼓励他们在未来积极参与公共健康事业，为社会的健康可持续发展贡献力量。

四、体育课程设计的结构安排

（一）课程模块划分

在体育课程设计中，课程模块的划分是一个关键步骤。课程模块应根据学生的年龄和能力水平进行合理划分，以确保不同阶段的学习需求都能得到满足。通过这样的划分，体育课程能够更好地适应学生的生理和心理发展特点，使学习内容更具针对性和有效性。考虑到学生在不同年龄段对运动的理解和接受能力存在差异，课程模块的划分不仅需要关注学生的身体发展，还需要兼顾他们的认知和情感发展，以实现全面的教育目标。

每个课程模块的设计应围绕特定的主题或技能展开，帮助学生在学习过程中形成系统的知识结构。通过以主题或技能为导向的模块设计，学生能够在学习过程中逐步积累相关知识和技能，最终形成对体育运动的全面理解。这种设计不仅有助于学生掌握具体的运动技能，还能提高他们对体育运动的内在价值和意义的认知，使学习过程更具目的性和连贯性。

课程模块的设计应制定明确的学习目标和评估标准，以便教师能够有效监控学生的学习进展和成果。明确的学习目标为学生提供了学习的方向和动力，清晰的评估标准则为教师提供了判断学生学习成效的依据。通过设定这些标准，教师可以及时调整教学策略，帮助学生克服学习中的困难，确保每个学生都能在课程中获得成长和提升。

在课程模块设计中，还需充分考虑不同运动项目的特性，以确保学生在多样化的活动中获得全面的运动体验。不同运动项目具有各自独特的技术和身体要求，通过多样化的课程模块设计，学生可以接触到丰富的运动形式，培养多方面的运动能力。这种多样化的运动体验不仅能提高学生的运动兴趣，还能增强他们的身体素质和团队合作能力，为他们的终身体育发展奠定基础。

（二）课程时间分配

在体育课程设计中，课程时间分配是一个至关重要的环节。合理的时间安排不仅能确保每个教学模块的有效实施，还能促进学生对技能与知识的掌握和理解。首先，课程时间分配应根据不同模块的教学目标和内容特性进行精细化设计。通过科学的时间规划，教师能够为学生提供充足的学习时间，使其在每个模块中都能达到预期的学习效果。这种分配方式不仅有助于学生在技能方面的提升，也能在知识理解上取得长足进步。

其次，课程时间分配需充分考虑学生的注意力和学习节奏。合理设置每节课的时长和活动安排，可以有效提高课堂教学效率和学生的参与度。体育课程的特殊性要求教师在设计课程时间时，需灵活调整，以适应学生的生理和心理节奏。通过合理的时间划分，教师能够在保持学生注意力集中的同时，确保每节课的活动安排紧凑而富有成效。这种设计不仅提升了课堂的教学质量，也增强了学生的学习体验。

最后，课程时间分配还需结合学校的实际情况和资源条件。灵活安排课外活动和实践环节，是增强课程综合性和趣味性的有效途径。在这一过程中，教师需充分利用学校的资源，创造多样化的学习机会，使学生在课外活动中巩固所学知识，并在实践中提升体育技能水平。这种灵活的时间安排，不仅丰富了课程内容，也激发了学生的学习兴趣，使体育课程更具吸引力和实用性。

（三）课程内容衔接

在体育课程设计中，课程内容的衔接是确保教育效果的关键环节。衔接的过程不仅是知识的传递，更是技能的深化和学生综合能力的培养。课程内容衔接应确保不同模块之间的知识和技能相互关联，以促进学生在各个领域的综合理解和应用能力的提升。通过合理的内容安排，学生能够在学习过程中不断积累和整合所学知识，形成系统的体育素养。这种设计理念不仅能强化学生的运动技能，还能提升他们的分析和解决问题的能力，为未来的体育学习奠定坚实的基础。

课程内容的衔接需考虑学生的学习进程，设计适当的过渡活动，以帮助学生顺利从一个模块转向下一个模块。这种过渡不仅是内容上的延续，更是学习体验的连续性。通过精心设计的过渡活动，学生可以在新旧知识之间建立联系，增强对新知识的理解和掌握。过渡活动的设计还应注重学生的实际需求和学习特点，确保每个学生都能在自己的节奏上获得最佳的学习效果。这种个性化的设计思路，有助于提高学生的学习兴趣和参与度，促进他们的全面发展。

在设计课程内容的衔接时，需关注不同运动项目的相似性和差异性，设计跨项目的学习活动，以增强学生的多样化运动能力。通过对不同运动项目的分析，教师可以找到共通的技能和策略，帮助学生在不同项目中迁移和应用所学知识。此外，跨项目的学习活动还能激发学生的创造性思维，鼓励他们探索新的运动方式和策略。这种多样化的学习体验，不仅能丰富学生的运动技能，还能培养他们的适应能力和创新精神。

第二节　体育课程的教学方法

一、示范教学法

（一）示范技巧

在体育课程中，示范技巧是教师教授运动技能的重要手段。通过教师的动作示范，学生能够直观地理解和模仿正确的运动动作。这种教学方法不仅有助于学生掌握动作要领，还能激发他们的学习兴趣和参与积极性。示范技巧需要教师具备良好的运动能力和表达能力，以便在示范过程中准确传达动作。此外，教师还应根据学生的特点和需求，灵活调整示范的内容和形式，以达到最佳教学效果。

示范教学法是一种通过教师示范和学生模仿来实现教学目标的教学方法，其基本概念在于基于教师的直接示范，学生能够通过视觉和听觉的双重刺激，形成对动作的全面理解。这种方法在体育教学中尤为重要，因为许多运动技能需要通过观察和模仿来掌握。示范教学法不仅可以提高教学效率，还能帮助学生规范动作，增强他们的自信心和学习动力。通过有效的示范，学生能够更快地掌握运动技能，并在实践中不断提高。

在示范教学中，清晰的动作演示与语言说明是确保教学效果的关键。教师在进行动作示范时，应确保动作的准确性和连贯性，使学生能够清晰地观察到每个动作的细节。同时，教师的语言说明应简洁明了，突出动作的要点和注意事项，以便学生能够在观察的同时，理解动作的内在逻辑和技巧。通过结合动作演示和语言说明，教师可以帮助学生建立对动作的全面认知，从而提高他们的学习效果和运动技能水平。

在进行示范教学时，教师应充分考虑学生的观察角度与视野，以确保所有学生都能清晰地看到示范动作。教师可以通过调整自身位置和示范方向，确保每位学生都处于最佳的观察位置。此外，教师还应关注学生的反馈，及时调整示范策略，以满足不同学生的观察需求。通过优化学生的观察角度和视野，教师能够提高示范的有效性，帮助学生更好地理解和掌握运动技能。

（二）语言表达

在体育课程教学中，语言表达是讲解示范教学法的核心要素之一。优秀的语言表达不仅能有效传递教学信息，还能激发学生的学习兴趣和参与热情。教师在课堂上需要通过清晰、简洁的语言来帮助学生理解复杂的运动技能。尤其是在面对不同年龄和水平的学生时，教师要避免使用过于专业或复杂的术语，以确保每位学生都能跟上教学进度。通过语言的引导，学生能够更直观地掌握动作要领，并在实践中加以应用。

语言表达在示范教学中的重要性体现在其对运动技能的理解和掌握上。教师通过语言描述动作的细节和要点，学生能够在脑海中形成清晰的动作图像。这种图像化的学习方式有助于学生在实际操作中更准确地模仿和做出动作。此外，语言表达还可以帮助学生建立动作与效果之间的联系，使他们更好地理解每个动作的目的和意义，从而提高学习效果。

有效的语言表达应当简洁明了，并且结合教学内容使用生动的比喻和形象的描述。这样的表达方式不仅能帮助学生更好地理解动作，还能激发他们的学习兴趣。例如，将一个复杂的动作比喻为生活中熟悉的场景，能够让学生更容易接受和记忆。形象的语言描述还能够增强学生的参与感，使他们在学习过程中感受到乐趣和产生成就感。

教师在进行语言表达时，还需注重语调和节奏的把握。适当的语调变化可以吸引学生的注意力，保持课堂的活跃氛围。语调的高低起伏、节奏的快慢变化，都能促进信息的有效传递，使学生在听觉上获得更好的体验。同时，语调和节奏的变化也能帮助学生区分重点内容，从而更好地理解和记忆教学内容。

二、练习法

（一）练习设计

练习设计在体育课程中扮演着至关重要的角色。为了有效地提升学生的运动技能，练习设计必须基于学生的能力水平和学习需求。这样的设计不仅能确保练习内容的适宜性，还能为学生提供适度的挑战，从而促进其技能水平的逐步提升。通过精心设计的练习，学生能够在不断的挑战中提升自我，同时也能更好地掌握运动技能的要领。适宜的难度设置有助于学生在练习中找到成就感，进而提高学习的主动性和积极性。

在练习设计过程中，运动技能的多样性是一个不可忽视的因素。通过个人练习、团队练习和竞争练习等，学生的综合运动能力可以得到全面增强。个人练习可以帮助学生专注于自身技能水平的提升；团队练习则强调合作和沟通能力的培养；竞争练习能够激发学生的竞争意识和策略思维，使其在真实的运动情境中应用所学技能。多样化的练习形式不仅丰富了课程内容，也为学生提供了不同的学习体验，增强了他们对体育活动的兴趣和热情。

每项练习都应设定明确的目标，这对于学生理解练习的目的和意义至关重要。明确的目标能够引导学生在练习中集中注意力，帮助他们在学习过程中明确方向和路径。通过目标导向的练习，学生不仅能提高参与的积极性，还能在每次练习后进行自我评估，反思自己的表现和进步。目标设定能使学生对自己的学习过程有更清晰的认识，从而在体育课程中获得更好的学习效果。

（二）练习强度

练习强度在体育课程中扮演着至关重要的角色，它不仅影响学生的身体素质和技能水平，还对其学习动机和参与兴趣产生深远影响。练习强度应根据学生的个体差异进行个性化调整。通过评估学生的身体素质和技能水平，教师可以为每位学生量身定制适合其发展的练习强度。这种个性化的练习安排有助于学生在适合自己的节奏下进行有效的锻炼，避免因过度疲劳或不适应而产生挫败感和身体损伤。

练习强度的设置应遵循循序渐进的原则，帮助学生在适应的基础上逐渐挑战更高的强度。通过这种渐进式的强度调整，学生能够在安全的环境中不断提升自身的运动技能水平和身体适应能力。这种方法不仅能提高学生的运动表现，也能增强他们的自信心，从而激发他们持续参与体育活动的兴趣。此外，逐步递增的练习强度还能有效地避免因突然增加负荷导致的运动损伤。

在体育课程中，定期评估学生的练习表现是至关重要的。这种评估不仅有助于了解学生的进步情况，也能为教师调整练习强度提供科学依据。通过对学生表现的细致观察和分析，教师可以及时调整练习计划，以确保学生在不断挑战自我的过程中，能够保持适当的强度水平。这种动态调整的机制不仅能促进学生的技能发展，也能有效预防因过度训练导致的疲劳和损伤。

设计练习时，教师应充分考虑不同运动项目的特性，制定相应的练习强度。每种运动项目对体能和技能的要求各不相同，因此在练习强度的设置上也需因地制宜。深入理解不同项目特性，教师可以为学生提供更具针对性的练习方案，满足各项目对身体素质和技能提升的不同要求。这种差异化的练习设计能够更好地支持学生在多样化的运动项目中全面发展。

三、探究式教学法

（一）问题引导

在体育课程中，问题引导作为一种教学策略，不仅能够激发学生的学习兴趣，还能提升他们的自主探索能力。这一方法强调学生在学习过程中通过提出和解决问题来构建知识，使得他们在学习中处于主动地位。教师通过设计与课程内容相关的问题，可以引导学生思考和讨论，从而加深其对体育运动原理和技巧的理解。这种教学方法不仅提高了学生的参与度，还能引导他们在学习过程中形成批判性思维能力。

探究式教学法的基本概念源于对学习者中心学习理论的深入研究，强调学习者通过主动探索和反思来获取知识。在体育课程中，这一方法具有特殊的应用意义。通过问题引导，学生能够在运动实践中不断提出问题，并尝试通过实验和观察来寻找答案。这种学习方式不仅能帮助学生掌握体育技能，还能培养他们的科学思维和创新能力。体育课堂上的探究活动，能够使学生更好地理解运动背后的科学原理，从而提高他们的学习效果和运动表现。

在体育课程中，通过问题引导可以有效激发学生的学习兴趣和自主探索能力。教师可以设计与学生生活经验相关的问题，引导他们在运动中进行观察和思考。例如，在学习篮球运球技巧时，教师可以提出“如何通过改变运球节奏来突破防守”等问题，引导学生在实践中探索不同的运球方式。这种问题引导的方式，不仅能让学生在运动中保持高度的参与热情，还能促使他们在实践中不断反思和改进自己的运动技能。

有效的问题设计策略是提高学生参与度和思考深度的关键，因此教师在设计问题时，应考虑学生的认知水平和兴趣点，确保问题具有挑战性和开放性。例如，设计问题时可以引入多种运动场景，让学生在比较和分析中得出结论。此外，教师还可以通过小组讨论和角色扮演等方式，鼓励学生在合作中解决问题。这种多样化的问题设计策略，不仅能激发学生的学习兴趣，还能提高他们的团队合作能力和沟通能力。

（二）自主探究

自主探究是一种以学生为中心的学习方式，强调学生在学习过程中主动参与和积极探索。它鼓励学生根据自身兴趣和问题导向，自主选择学习内容和方法，从而激发学习兴趣和提升学习效果。在体育课程中，自主探究不仅可以帮助学生理解和掌握体育技能，还能培养他们的创新思维和实践能力。通过自主探究，学生能够更加深入地理解体育运动的内在规律和价值，形成对体育的热爱和终身运动的意识。

自主探究在体育课程中具有重要的地位和意义，它的核心在于让学生成为学习的主体，通过自主选择和控制学习过程，提升学习的自主性和灵活性。自主探究不仅有助于学生掌握体育知识和技能，还能培养其自我管理能力和自我评价能力。通过自主探究，学生可以在真实情景中运用所学知识，形成深刻的理解和持久的记忆。体育课程中的自主探究强调学生的主动参与和实践操作，使学习过程更具个性化和多样性。

自主探究能够有效地提升学生的思维能力和解决问题能力。在自主探究过程中，学生需要不断提出问题、搜集信息、分析数据和得出结论，这一系列活动有助于培养学生的批判性思维和逻辑推理能力。同时，自主探究要求学生在面对复杂问题时，能够灵活运用所学知识进行分析和解决，这对于提高学生的综合素养和应变能力具有重要作用。通过自主探究，学生不仅能提高自身的学术能力，还能在面对实际问题时表现出更强的适应性和创造力。

在体育课程中实施自主探究，需要科学的策略和方法。教师可以通过设计开放性问题、提供多样化资源和创建真实情境来引导学生进行自主探究。在教学实践中，教师应注重对学生探究过程的指导和支持，帮助学生明确探究目标和步骤。此外，教师还应鼓励学生进行反思和自我评价，以促进其探究能力的持续提升。通过合理的策略和方法，体育课程中的自主探究能够有效提升学生的学习体验和学习效果。

（三）结果分享

结果分享在探究式教学法中扮演着关键角色，它不仅是教学活动的一个重要环节，更是促进学生对学习成果进行深刻反思与理解的有效途径。通过结果分享，学生能够识别自身在学习过程中的成长与不足，这种自我反思能力的培养是学生全面发展的重要组成部分。学生在分享过程中，往往能够意识到自身的进步与需要改进的地方，从而在未来的学习中进行有针对性的调整与提升。

教师在结果分享环节可以收集到学生反馈，这些反馈不仅有助于教师了解学生的学习状态和需求，还能为教学内容与方法的优化提供重要依据。通过学生的反馈，教师能够识别出教学过程中的优点和不足，进而提高课程的适应性与有效性。这样的反馈机制使得教学过程成为一个动态的、不断完善的系统，有助于实现更高质量的教学目标。

结果分享在促进学生之间的互动与交流方面发挥着重要作用。通过分享各自的学习成果，学生之间可以相互学习，借鉴彼此的成功经验和方法。这种互动不仅增强了学生之间的合作，还营造了积极的集体学习氛围。在分享过程中，学生通过讨论和交流，能够更好地理解和吸收所学知识，提升团队协作能力，这对于他们未来的学习和工作都有着积极的影响。

此外，结果分享也为学生提供了展示个人及团队成就的机会，极大地增强了他们的自信心和成就感。当学生在同伴和教师面前展示自己的学习成果时，他们会产生一种荣誉感和满足感。这种情感体验不仅能激励他们在未来的学习中更加努力，也能提升他们对学习的兴趣和投入度。自信心的增强有助于学生在面对挑战时更加积极主动，勇于探索未知领域。

四、游戏化教学法

（一）游戏设计

在体育课程中，游戏设计是实现教学目标的关键环节。游戏设计应明确教育目标，以确保游戏活动能够有效提升学生的运动技能水平和团队合作能力。通过精心设计的游戏，教师可以在轻松愉快的氛围中引导学生进行体育锻炼，使学生在不知不觉中提升自身的运动技能。同时，团队合作能力的培养也在游戏过程中得到充分体现，学生在共同参与和互动中学会相互协作和支持。这不仅有助于提高他们的体育水平，也对他们的综合素质发展起到积极作用。

为了激发学生的积极性和参与感，游戏设计需充分考虑学生的兴趣和参与度。趣味性和竞争性元素的融入能够有效吸引学生的注意力，使他们在游戏中保持高度的参与热情。通过设置不同的游戏关卡和挑战，学生可以在竞争中体验成功的喜悦和失败的教训，这种情感体验有助于他们在今后的学习中保持积极的态度。此外，教师还可以根据学生的兴趣爱好，定制化设计游戏内容，以提高学生的参与度和学习动力。

游戏设计的安全性是体育课程中的重要考量因素，设计者应确保活动规则和场地安排能够有效预防运动损伤，保障学生的安全。通过制定合理的规则和配置安全设施，教师可以最大限度减少意外伤害的发生。同时，教师还应加强对学生的安全教育，提高他们的安全意识和自我保护能力。在游戏过程中，教师需密切关注学生的表现，及时纠正可能导致危险的行为，以确保整个教学活动安全顺利进行。

灵活性是游戏设计中不可或缺的元素，教师应根据学生的实际情况和反馈进行适时调整，以提升教学效果和学生的参与度。通过灵活的游戏设计，教师可以针对不同水平的学生设置不同的游戏难度，使每位学生都能在适合自己的挑战中获得成长。同时，教师还可以根据课堂反馈对游戏规则和内容进行调整，以保持学生的兴趣和新鲜感，确保教学活动的持续吸引力和有效性。

（二）规则制定

在体育课程的游戏化教学法中，规则制定是一个至关重要的环节。规则制定应明确游戏的基本目标，以确保学生在参与过程中能够理解游戏的目的并全身心投入。明确的目标不仅能激发学生的参与热情，还能帮助他们在游戏中培养团队协作和竞争意识。通过设定清晰的目标，学生能够明确自己的任务和责任，从而在游戏中实现个人能力的提升。

游戏规则需简洁明了，要避免复杂的条款，以便学生快速理解并遵守。简洁的规则有助于降低学生在游戏开始前的心理负担，使他们能够将更多的精力投入游戏本身。这不仅能提高游戏的流畅性，还能增强学生的自信心和参与感。教师在制定规则时，应使用简单易懂的语言，确保所有学生都能准确理解游戏的要求。

规则制定应考虑到不同学生的能力和水平，确保所有参与者都能在公平的环境中进行竞争。公平的规则不仅能够激励学生发挥各自的特长，同时也能帮助他们在团队合作中学习与不同能力水平的同伴协作。教师需要在规则中设计适当的挑战，以激发学生的潜力，并通过差异化的规则调整，满足不同学生的学习需求，使每位学生都能在游戏中获得成就感。

游戏规则应包含安全措施，确保学生在游戏过程中能够有效避免潜在的运动伤害。安全是体育活动的首要考虑因素，合理的安全措施能够降低意外伤害的风险，保护学生的身心健康。教师在制定游戏规则时，应详细考虑游戏场地、设备和参与者的安全性，并在规则中明确安全注意事项，以确保学生在安全的环境中进行游戏活动。

游戏规则应具备灵活性，允许教师根据实际情况和学生反馈进行调整，以提升游戏的趣味性和教育效果。教师可以根据学生的反馈和游戏过程中的观察，适时调整规则，以保持游戏的新鲜感和挑战性。这种动态的规则调整不仅能提高学生的参与积极性，还能增强游戏的教育价值，帮助学生在实践中更好地理解和掌握体育知识和技能。

第三节　体育课程的资源开发

一、体育课程资源的获取

（一）校内资源整合

校内资源整合是优化体育课程资源的重要策略。通过对校内现有体育设施的全面评估，可以明确每一项设施的使用效率和需要改进的空间。这一过程不仅有助于合理分配资源，还能提高设施的使用率，确保学生在体育活动中的安全性与舒适度。评估结果为学校管理层提供了科学依据，指导其在资源分配和设施更新方面作出明智决策，从而促进体育教育的可持续发展。

跨学科合作机制的建立是校内资源整合的另一关键环节，通过这种机制，体育教师可以与其他学科的教师共享资源，实现课程整合。这种合作不仅能丰富体育课程的内容，还能激发学生的学习兴趣，促进他们在多学科背景下的全面发展。跨学科合作还可以带来新的教学方法和理念，有助于提升体育课程的教学质量和效果。

校内学生社团和志愿者的力量在体育课程资源整合中同样不可忽视。学生社团可以组织各种体育活动，激发学生的参与热情，同时培养他们的组织能力和团队合作精神。志愿者则可以在活动的组织与实施中提供支持，提升人力资源的灵活性和多样性。这种资源的利用不仅丰富了学生的课余生活，还为学校体育活动的顺利开展提供了有力保障。

（二）社会资源利用

社会资源的有效利用是提升体育课程质量的重要途径。通过与地方体育组织建立合作关系，学校可以充分利用这些组织的资源和专业知识，显著提升体育课程的实施效果。这种合作不仅能够为学校提供专业的指导和支持，还可以通过共享资源，丰富课程内容，拓宽学生的视野。例如，地方体育组织通常拥有丰富的专业教练和训练设施，通过合作，学校能够为学生提供更高水平的体育教育和训练机会，从而提高学生的体育技能水平。

参与社区体育活动是增强学生社会责任感和团队合作精神的重要方式，通过参与社区组织的体育活动，学生不仅能在实践中提高自身的运动技能水平，还能在互动中学会沟通、合作与责任承担。这些活动为学生提供了一个走出校园、接触社会的机会，使他们在真实的社会环境中体验团队合作的意义。通过这种方式，学生不仅能在体育技能上得到提升，也能在社会适应能力和个人素养上有所提升。

社区志愿者的力量在丰富体育课程的内容和形式方面同样不可忽视。志愿者可以在学校体育课程中扮演多种角色，从指导体育活动到提供后勤支持，他们的参与为课程增加了多样性和灵活性。通过志愿者的帮助，学校可以开展更多样化的体育活动，满足不同学生的兴趣和需求。同时，志愿者的参与也为学生树立了良好的社会服务榜样，激励学生积极参与公益活动，增强社会责任感和奉献精神。

整合社区健康教育项目是提升学生对健康知识认知的重要策略，这些项目通常涵盖广泛的健康主题，如营养、心理健康和预防疾病等，能够为学生提供全面的健康教育。通过将这些项目融入体育课程，学生不仅能够在实践中学习健康知识，还能在日常生活中更好地践行健康理念。这种整合有助于培养学生的健康意识，鼓励他们养成健康的生活方式，从而为他们的终身健康发展奠定基础。

借助社区体育设施，学校可以为学生提供多样化的运动场所，促进健康生活方式的形成和发展。社区体育设施通常包括体育场馆、健身房和户外运动场地等，为学生提供了丰富的运动选择。利用这些设施，学校不仅可以拓展体育课程的内容，还能为学生创造更多的锻炼机会，帮助他们养成健康的生活习惯。这种资源共享模式不仅提高了设施的利用效率，也为学生的体育锻炼提供了便利条件，从而促进他们的身心健康发展。

二、体育课程资源的利用

（一）提升体育课程资源的有效性

1. 优化体育器材的使用体验

通过定期检查和维护，确保器材的安全性和功能性，不仅可以延长器材的使用寿命，还能有效提升学生的运动体验。这样一来，学生在参与体育活动时能够更加专注于运动本身，从而提高运动效果。此外，器材的安全性也是保障学生运动安全的重要因素，定期检查和维护能够及时发现潜在问题，避免运动伤害。

2. 建立有效的资源共享机制

通过促进不同学科教师之间的合作，可以整合多种教学资源，实现资源的最大化利用。例如，体育教师可以与科学教师合作，利用科学实验室的设备进行运动生理学的教学，从而丰富体育课程的内容。这种跨学科的资源整合，不仅能够提升课程的综合性，还能激发学生的学习兴趣，培养学生的多元化能力。

3. 教师培训

通过定期开展教师培训，可以提高教师对体育课程资源的管理和使用能力，确保教学活动的高效组织和实施。培训内容可以包括最新的体育教学方法、器材的使用与维护技巧以及数字资源的应用等。通过不断提升教师的专业能力，能够更好地保障体育课程的质量，为学生提供更加优质的体育教育。

（二）激励教师创新资源使用方式

教师作为课程实施的核心力量，其创新能力直接影响课程资源的有效利用。通过鼓励教师在教学中采用多样化的资源使用策略，不仅可以激发学生的学习兴趣，还能提高教学效果。教师在资源使用上的创新，涉及对传统教学工具的改进和新型教学资源的开发，进而促使体育课程在内容和形式上不断更新，满足学生多元化的学习需求。

激励教师进行跨学科合作，鼓励他们在体育课程中融入其他学科的知识和技能，可以丰富课程内容和提升教学效果。跨学科合作不仅拓宽了体育课程的教学视野，也为学生提供了综合性学习的机会。通过将科学、艺术等学科的元素融入体育教学中，教师可以设计出更具吸引力和挑战性的课程内容。这种合作模式有助于培养学生的综合素养，使其在体育学习中获得更为广泛的知识和技能，从而提高整体教学质量。

提供专业发展培训，帮助教师掌握最新的教学方法和技术，可以激发他们在课程设计和实施中的创新思维。教师的专业发展是课程创新的重要支撑，通过定期培训和研讨会，教师可以了解最新的教育理论和实践方法。这不仅提高了教师的专业能力，也为他们提供了更多的教学资源和工具。通过不断更新的专业知识，教师能够在课程设计中融入新的理念和技术，提升体育教学的创新性和有效性。

设置教学创新奖励机制，对在课程资源使用上表现突出的教师给予奖励，可以激励更多教师积极探索新方法。设立奖励机制，旨在表彰和激励在教学中勇于创新、敢于实践的教师。通过奖励优秀的创新实践，学校可以营造一种积极向上的教学氛围，鼓励更多教师进行创新尝试。这不仅有助于提高教师的工作积极性，也能推动整个学校的课程改革和教学质量的提升。

鼓励教师参与教育科研项目，支持他们进行体育课程资源使用的实证研究，可以推动教学实践的持续改进和创新。科研项目为教师提供了一个探索和验证教学创新的良好平台。通过参与科研，教师可以对其教学实践进行系统的反思和总结，从而发现问题并提出改进方案。实证研究的结果不仅能为教师自身的教学提供参考，也能为其他教师提供宝贵的经验借鉴，从而推动整个教育界的教学实践不断进步和创新。

三、体育课程资源的数字化建设

（一）数字化资源的开发原则

数字化资源的开发在现代体育课程中扮演着重要角色，它不仅提高了课程的可及性，还为教师和学生提供了丰富的教学和学习工具。数字化资源的开发应基于用户需求，确保所开发的工具和平台能够分别满足教师和学生在教学与学习过程中的实际需求。通过深入了解用户的需求，开发者可以设计出更具针对性的产品，帮助学生在体育学习中获得更好的体验。例如，教师可能需要一个能够实时反馈学生表现的平台，学生则可能需要一个能够自定义学习路径的应用程序。这些需求都要求数字化资源开发者在设计初期就充分考虑用户体验，从而实现资源的最大化利用。

在数字化资源的开发过程中，交互性是一个不可忽视的原则。通过增强资源的交互性，学生在学习过程中可以获得更强的参与感。交互性不仅体现在用户界面的设计上，还包括内容的呈现方式和用户与内容之间的互动。例如，虚拟现实技术可以让学生在模拟的运动场景中进行实践，增加沉浸感和互动性。此外，游戏化元素也能激发学生的学习兴趣，使其更积极主动地参与到体育学习中。通过这些手段，数字化资源不仅成为学习的工具，还成为激发学生兴趣的重要媒介。

内容的多样性和丰富性是数字化资源开发中的另一个重要原则。在体育课程中，学生的兴趣和需求各不相同，因此数字化资源需要涵盖广泛的运动项目和技能。通过提供多样化的内容，数字化资源可以满足不同学生的学习兴趣，帮助他们在自己感兴趣的领域中深入学习。例如，资源可以包括从基本的运动技能到高级的战术分析，从传统的体育项目到新兴的运动形式，确保每位学生都能找到适合自己的学习内容。这种多样性不仅丰富了课程内容，还为学生提供了更多的选择和发展空间。

数字化资源的开发还必须确保信息的准确性和科学性。体育课程的教学材料应依据最新的运动科学研究成果，提供可靠的教学支持和参考。开发者需要与专业的运动科学家和教育专家合作，确保内容的科学性和实用性。准确的信息不仅能提高学生的学习效果，还能给教师在教学中提供更专业的指导。此外，定期更新资源以反映最新的研究进展和技术发展，也是保持资源科学性的重要手段。通过这些措施，数字化资源可以成为体育课程中不可或缺的教学支持工具。

（二）数字化资源应用平台

数字化资源应用平台在现代体育课程中扮演着重要角色。它不仅是资源存储的空间，更是动态的教学工具。通过便捷的用户界面，教师和学生能够快速访问和使用各类教学资源。这种便利性不仅提高了教学效率，还使得课程内容能够更灵活地适应不同的教学需求和学习风格。数字化平台的设计应以用户体验为核心，确保无论是教师还是学生都能轻松找到所需资源，并在教学过程中获得最佳的支持。

数字化资源应用平台应具备实时数据分析功能，这是其区别于传统教学工具的一大优势。通过跟踪学生的学习进度和运动表现，平台可以为教师提供详尽的个性化反馈。这种反馈不仅可以帮助教师了解学生的学习状况，还能为其提供改进教学策略的建议，从而实现因材施教的目标。实时数据分析功能的引入，使得教学过程更加科学化和精细化，为提高体育教学质量提供了有力的支持。

为了增强学生的参与感和学习动机，数字化资源应用平台还应支持多种互动形式。在线讨论、实时测验和反馈机制等功能的加入，使得学生在学习过程中能够更积极地参与其中。这种互动不仅有助于加深学生对课程内容的理解，还能激发他们的学习兴趣和学习动力。通过互动，学生可以在实践中巩固所学知识，同时也为教师提供了及时了解学生学习效果的途径。

（三）数字化资源的更新与维护

1. 定期审查资源

通过定期审查数字化资源的内容，可以确保其与最新的运动科学研究成果和教学大纲保持一致。这不仅能提高教学的科学性和有效性，还能使学生接触到最前沿的知识和技术。数字化资源的内容更新需要紧密结合国际和国内的最新研究动态，以保持教学内容的现代性和相关性。通过这种方式，数字化资源能够更好地服务于教育目标，帮助学生在体育学习中获得更全面和更深入的理解。

2. 建立用户反馈机制

通过收集教师和学生对数字化资源的使用体验和建议，可以及时进行调整和优化。这不仅提升了资源的适用性，也有助于提高用户的满意度。反馈机制的有效实施要求教育机构积极倾听用户的声音，重视用户的实际需求，并在此基础上进行资源改进。通过这种开放的交流渠道，数字化资源能够更好地适应教学实践中的变化和挑战，进而提高教学效果。

3．制订数字化资源的更新计划

明确更新频率和责任人可以保障资源在技术和内容上的同步发展。制订更新计划需要综合考虑资源的使用频率、技术发展趋势以及用户反馈等因素，以确保资源的现代性和相关性。通过科学的更新计划，教育机构可以有效管理资源的生命周期，使其始终保持在一个高效和实用的状态，为体育课程的教学提供有力支持。

4．做好数据安全与隐私保护

实施严格的数据安全措施，并定期检查和更新安全系统，可以确保用户信息的安全性。通过增强师生对数字化资源的信任和使用意愿，教育机构能够有效推动数字化资源的应用和普及。数据安全不仅关乎用户个人信息的保护，更是数字化资源可持续发展的基础。只有在安全的使用环境下，数字化资源才能充分发挥其在教育中的潜力，为体育课程的创新和发展提供坚实的保障。

第二章　体育课程评价的理论框架

第一节　体育课程评价的目标

一、体育课程评价的体质健康目标

（一）体质健康标准

体质健康标准在体育课程评价中扮演着至关重要的角色，它不仅是衡量学生身体素质的基准，同时也是指导体育课程设计和实施的依据。体质健康标准的制定需要综合考虑多方面因素，确保其科学性和可操作性。

体质健康标准的制定依据主要包括国家和地区的健康标准以及相关政策，这些政策为标准的形成提供了方向和框架。例如，国家卫生部门发布的健康指南和体育教育政策文件，通常会对体质健康的各项指标提出具体要求。这些政策的制定，通常基于对广泛人群健康状况的研究和分析，确保标准的适用性和有效性。

在体质健康标准中，评估指标是其核心组成部分。这些指标通常包括身体质量指数（BMI）、肺活量、柔韧性等，能够全面反映学生的身体健康状况。BMI是衡量体重与身高比例的指标，能够初步判断学生的体重是否在健康范围内；肺活量是衡量呼吸系统功能的重要指标；柔韧性测试则可以反映学生的肌肉和关节的灵活性与伸展能力。

体质健康标准的适用人群涉及不同年龄段和性别的学生群体，因此标准的制定需要考虑到不同年龄和性别的生理差异，确保评估的公平性和准确性。例如，青少年与儿童在生长发育阶段的体质特点不同，因而需要不同的评估指标和标准。此外，性别差异也影响到体质健康的评估，如肌肉力量和耐力等方面需要根据性别进行调整。

（二）体能测试指标

体能测试指标是体育课程评价中用于衡量学生体质健康水平的重要工具。

其定义与分类涵盖力量、耐力、速度、灵活性等维度的具体指标，每一维度的指标都有其独特的评估方式。力量指标通常通过肌肉力量测试来评估，如握力测试或卧推重量。耐力指标可能涉及长跑或游泳等项目，以测量心肺功能的持久性。速度指标通过短跑或冲刺测试来评估，灵活性指标则可能通过坐位体前屈等项目来测量身体的柔韧性。指标的多样性确保了对学生体质健康的全面评估。

为了确保体能测试指标的有效性，标准化是必不可少的。标准化过程包括测试方法和评估工具的一致性与可靠性。测试方法的一致性可以确保不同测试者在不同时间和地点进行测试时，结果具有可比性。评估工具的可靠性则可以确保测试结果的准确性和可重复性。例如，使用标准化的计时器和测量工具可以减少人为误差，提高测试的可信度。通过标准化，体能测试指标不仅能反映学生的真实体质水平，还能为后续的教学调整提供可靠的数据支持。

在实施体能测试指标时，需遵循一套明确的流程，包括测试前准备、测试过程及结果记录的具体步骤。测试前准备涉及适当的热身活动，以防止受伤，并确保测试环境的安全和适宜。测试过程需要严格按照标准化的程序进行，以保证结果的准确性。结果记录则需要详细、准确，并及时反馈给学生和教师，以便后续的分析和教学调整。完整的实施流程不仅提高了测试的效率，也增强了测试的科学性和公正性。

二、体育课程评价的运动技能目标

（一）技能掌握程度

技能掌握程度在体育课程评价中占据着核心地位，它不仅是衡量学生运动能力的直接指标，也是课程设计和教学效果的重要反馈。技能掌握程度的定义涉及学生在特定运动项目中的表现水平，包括技术动作的准确性、流畅性及稳定性等。其重要性在于通过科学的评价，可以帮助教师了解学生的学习进度和运动能力的提升情况，从而为后续的教学调整提供依据。

在技能评估的具体指标方面，体育课程通常涵盖多种运动技能的量化标准。这些标准包括投掷、跳跃、奔跑等基本运动技能的评估。每一项技能都有其独特的评估指标。例如，投掷技能的评估可能涉及投掷距离和准确度，跳跃技能则可能关注跳跃高度和技术动作的规范性。通过这些具体指标的量化评估，教师能够更精确地判断学生的运动能力，从而为其提供更具针对性的指导。

技能掌握程度的分级体系是确保评价标准化和客观化的重要手段。通常，这一体系建立在初级、中级、高级技能水平的基础上，为学生的技能发展提供清晰的路径。初级水平通常包括基本动作的掌握和简单技能的运用；中级水平要求学生在熟练掌握基本动作的基础上，能够在复杂情境中应用技能；高级水平则强调技能的创新和高效应用。这种分级体系不仅有助于学生明确自身的技能水平，也为教师制定教学目标提供了参考。

技能测试的实施流程是体育课程评价的重要环节，包括测试的准备、执行及结果记录。在准备阶段，教师需要选择合适的测试项目和工具，并为学生提供必要的练习机会。在执行阶段，教师需确保测试的公平性和准确性，严格按照标准化流程进行操作。结果记录则要求教师详细记录每位学生的测试数据，并进行科学分析，以便为后续的教学调整提供依据。

（二）技能应用能力

技能应用能力在体育课程评价中占据重要地位。它不仅是衡量学生在课堂内外掌握运动技能水平的关键指标，更是学生在实际运动情境中灵活运用所学技能的体现。技能应用能力的定义强调了这种灵活运用的能力，这意味着学生不仅需要记住和再现技能，还必须能够根据不同的运动情境作出适当的调整和应用。这种能力在现代体育教育中尤为重要，它直接关系到学生在真实运动环境中的表现。

评估技能应用能力需要建立一套科学的标准，这些标准通常涵盖不同运动项目中的表现指标。例如，在比赛中，学生的表现可以通过其技战术运用的有效性、技能的精准度和灵活性来评估。不同的运动项目可能会有不同的评估重点，比如在团队运动中，战术意识和协作能力可能更为重要，而在个人项目中，技能的精确性和稳定性则是关键。因此，评估标准必须具有多样性和针对性，以全面反映学生的技能应用能力水平。

测试技能应用能力的方法需要结合情景模拟和实际比赛，以便全面评估学生的技能运用情况。情景模拟可以通过设计特定的运动任务或挑战来观察学生如何运用所学技能，实际比赛则提供了一个更加真实和动态的环境来测试学生的应变能力和综合素养。这种测试方法不仅能有效评估学生的当前水平，还能帮助教师发现学生在技能应用过程中的优势和不足，为后续的教学和训练提供依据。

为了促进技能应用能力的个性化发展，教师可以根据学生的评估结果制订个性化的提升策略和训练计划。这些方案应考虑到每个学生的独特需求和发展潜力，帮助他们在技能应用中取得更大的进步。例如，对于某些学生，需要加强特定技能的训练，对于另一些学生，则可能需要更多地关注战术意识的培养。个性化的发展方案能够使每个学生在其技能应用能力上得到最大限度地提升。

三、体育课程评价的体育知识与理论目标

（一）理论知识掌握

体育课程理论知识是学生全面发展的重要组成部分。体育知识不仅是体育活动的理论基础，更是促进学生综合素质提升的重要途径。掌握体育理论知识有助于学生在理解运动原理的基础上，提升其运动技能水平和健康意识。这些知识为学生提供了科学的运动指导，有助于他们在实践中更好地应用和创新。

理论知识掌握的定义与重要性在于，学生通过学习运动生理学、运动心理学和运动生物力学等学科的基本概念，能够更深入地理解体育活动的科学原理。这些学科知识不仅有助于学生提高运动技能，还能在培养他们的科学思维和问题解决能力方面发挥关键作用。体育知识在学生的学业和生活中都具有广泛的应用价值，是其综合素质提升的基石。

体育理论知识的主要内容涵盖运动生理学、运动心理学、运动生物力学等多个学科领域。运动生理学帮助学生了解人体在运动中的生理变化，运动心理学关注心理因素对运动表现的影响，运动生物力学则分析运动中的力学原理。这些知识共同构成了体育理论的核心内容，为学生提供了全面的科学基础，支持他们在体育活动中作出更明智的决策。

理论知识掌握的评估标准应多元化，涵盖考试、作业和实践活动等多种方式。通过考试，学生可以展示其对理论知识的理解和记忆；通过作业完成情况考查学生的应用能力和创新思维；实践活动则是将理论知识转化为实际运动表现的关键环节。多元化的评估方式不仅能全面反映学生的学习成果，还能激发他们的学习主动性和积极性。

（二）体育知识应用

体育知识应用在体育课程评价中扮演着关键角色。体育知识应用的定义与

重要性在于将理论知识转化为实践能力，这对于提升学生的运动表现和健康水平至关重要。通过有效的体育知识应用，学生不仅能够在体育活动中表现得更为出色，还可以更好地理解和掌握运动的科学原理。这种转化过程不仅是知识的简单传递，更是培养学生综合素养的核心环节。体育课程的设计应当注重这种应用能力的提升，以确保学生在未来的体育活动中能够自如地应对各种挑战。

利用理论知识分析对手并制定有效的比赛策略，是体育课程评价的重要目标之一。学生在学习过程中，应当掌握如何通过分析对手的优劣势，结合自身的特点，制定切实可行的比赛策略。这不仅是对体育知识的应用，更是对学生分析能力和决策能力的培养。通过这种方式，学生能够在比赛中更加自信和从容，进一步提升其竞技水平和团队合作能力。

在体育活动中，运动安全是一个不可忽视的重要方面。体育知识对运动安全的影响主要体现在学生在参与体育活动时应具备的安全知识和应急处理能力上。通过体育课程的学习，学生应当了解如何预防运动损伤、识别潜在的安全隐患以及在突发情况下采取正确的应急措施。这不仅有助于保护学生自身的安全，也能提高他们对安全问题的敏感性和责任意识，确保体育活动的顺利进行。

团队合作能力是现代社会的重要素养，体育知识在团队合作中的应用主要体现在通过理论知识增强团队成员之间的沟通与协作能力。体育课程中，学生应当学习如何利用所学的体育知识，促进团队成员之间的理解和协作。这种能力不仅有助于提高团队的整体表现，也能增强学生的集体意识和协作精神。通过团队合作，学生能够更好地理解团队意识的重要性，并在实践中不断提升自身的团队合作能力。

四、体育课程评价的情感态度与价值观目标

（一）情感态度的培养

情感态度在体育课程中扮演着关键角色，是学生在参与体育活动中获得积极体验的重要因素。情感态度的定义涵盖了个体在面对体育活动时所表现出的情绪反应和行为倾向。积极的情感态度不仅能激发学生的参与热情，还能提升他们在体育学习中的表现。研究显示，拥有积极情感态度的学生通常能在体育活动中表现出更高的参与度和持续性，这反过来又能提升他们的体育技能水平和健康水平。因此，在体育课程中，情感态度的培养被视为一个重要的目标，

它不仅能影响学生的体育表现，还能对他们的整体学习态度和生活方式产生深远影响。

在体育课程中，情感态度的培养需要系统的策略和方法。通过设计多样化的团队活动，可以有效增强学生的归属感与合作精神。这些活动不仅给学生提供了展示自我和相互学习的机会，还能通过集体的成功体验增强他们的自我认同感和集体荣誉感。此外，还应鼓励学生在活动中设定个人目标，并通过实现这些目标进一步激发他们的参与动机和积极情感态度。这种策略不仅有助于学生在体育活动中获得成就感，还能提高他们在其他学科学习中的自信心和积极性。

（二）正确价值观的引导

体育课程不仅是技能的传授和体能的锻炼，更是正确价值观引导的重要途径。在体育课程中，明确的价值观引导通过精心设计的课程内容和活动，可以有效帮助学生树立正确的竞争意识与团队精神。体育课程中的竞争意识不应仅仅停留在胜负层面，而应该引导学生理解竞争的积极意义，培养他们在竞争中不断自我提升的能力。同时，通过团队活动，学生能够体会到合作的重要性，理解团队合作不仅能提高集体的成功率，也能增进个人的社会交往能力。

在体育课程中，培养学生对公平竞争和体育道德的认知尤为重要。体育活动是一个微型社会，规则的遵循和对对手的尊重是其核心价值之一。通过体育课程评价，教师可以帮助学生理解遵循规则和尊重对手不仅是体育精神的体现，更是良好社会行为的基础。学生在体育活动中可以学会尊重裁判、尊重对手、尊重观众，这种尊重精神将影响他们在其他社会活动中的表现，促进他们成为有道德、有责任感的社会成员。

体育课程评价可以提升学生对社会责任感的理解，使其认识到体育不仅是个人发展的工具，更是促进社会和谐的重要因素。通过体育运动，学生可以学习到如何在集体中找到自己的位置，如何为集体的成功贡献自己的力量。在体育活动中，学生能够体验到团队的力量和合作的乐趣，从而增强他们的社会责任感和对集体的归属感。

通过体育课程评价，还可以鼓励学生在体育活动中形成积极向上的价值观，培养他们对健康生活方式的追求与对终身运动的认同。体育不仅是一种活动，更是一种生活方式。通过体育课程，学生可以认识到健康生活的重要性，并在日常生活中践行健康的生活方式。终身运动的理念也通过体育课程的引导深植于学生心中，使他们在未来的生活中能够自觉地选择健康、积极的生活方式，成为终身运动的践行者。

第二节　体育课程评价的主体

一、体育课程评价的教师主体

（一）教师评价标准

教师评价标准在体育课程评价中起着至关重要的作用，它不仅是衡量教师教学质量的工具，也是促进教师专业发展的重要手段。教师评价标准的制定需要基于科学合理的依据，明确教师在体育课程评价中应遵循的原则和规范。这些原则和规范包括对教学目标的理解、教学内容的选择以及教学方法的运用等。通过这些标准，教师可以更好地理解课程目标，进而有效地指导学生的学习与发展。

教师评价标准的多维度构建是其核心特点之一。为了全面评估教师在体育课程中的表现，评价标准不仅要涵盖学生的体质和技能，还应包括对学生知识掌握和情感态度的综合评估。这种多维度的评价方式能够全面反映教师的教学效果，帮助教师识别教学中的优势与不足。通过评价，教师可以获得更全面的反馈，从而在教学实践中进行针对性的调整与改进。

在实施教师评价标准时，选择合适的评估方法至关重要。观察、测试和问卷是常用的评估方式，每种方式都有其优势和适用场景。观察可以提供直观的课堂表现反馈，测试能够量化学生的学习成果，问卷则有助于了解学生的情感态度和学习体验。通过合理选择和应用这些评估方法，教师能够获得更为全面和准确的评价信息。

教师评价标准的培训与发展是提升教师评价能力与水平的重要途径，通过专业培训，教师可以学习到先进的评价理论和方法，提高其在实际教学中的评价能力。培训内容应包括评价标准的理解与应用、评估方法的选择与实施，以及反馈机制的构建与运用等。通过持续的专业发展，教师能够不断提升自身的评价水平，从而更好地支持学生的全面发展。

(二) 教师评价反馈

教师评价反馈在体育课程评价中扮演着至关重要的角色。

其一，有效的教师评价反馈不仅能帮助学生认识自身的优缺点，还能激发他们的学习动机和改进行为。教师在进行评价反馈时，需要注重反馈的及时性。及时的反馈能够让学生在最短的时间内了解自己的表现，并迅速采取行动进行改进。这种即时的反馈机制能够有效增强学生的学习动机，使他们在体育学习过程中保持积极性和主动性。

其二，个性化的教师评价反馈是提升学生个人发展的关键。每位学生在体育课程中的表现和需求各不相同，因此教师需要根据学生的具体情况提供有针对性的建议和指导。这种个性化的反馈不仅能帮助学生明确自身的优劣势，还能协助他们制订切实可行的个人发展计划。通过个性化的评价反馈，学生能够更好地发掘自己的潜力，并在教师的指导下朝着目标不断努力。

其三，多样性的教师评价反馈形式能够满足不同学生的接受方式和理解需求。在体育课程中，教师可以采用口头、书面和视觉等多种反馈形式，以便更好地传达评价信息。口头反馈可以在课堂上即时进行，书面反馈可以让学生在课后仔细阅读和思考，视觉反馈则可以通过图表和视频等形式帮助学生更直观地理解自己的表现。通过多样化的反馈形式，教师能够更全面地支持学生的学习和发展。

其四，教师评价反馈的互动性是促进学生自我反思和自我认识的重要途径。在反馈过程中，教师应鼓励学生积极参与，通过讨论和自我反思来深化对自身表现的认识。这样的互动不仅能增强学生的自信心，还能提高他们的批判性思维能力。学生在与教师的互动中，不仅能获得外部的评价，还能通过自我评估来加深对自身学习过程的理解和掌控。

二、体育课程评价的学生主体

(一) 学生自评的作用

学生自评在体育课程评价中扮演着重要角色。它不仅能增强学生的自我意识，还能帮助他们更好地认识自身的运动能力与发展需求。通过自评，学生可以更加清晰地了解自己的优势和不足，从而在运动中进行针对性的训练和改进。

这一过程不仅是对运动技能的反思，更是对自身学习过程的全面认识。这种自我评估的方式，使学生在体育学习中不再是被动的接受者，而是积极主动的参与者，他们通过自评不断调整自己的学习策略，以更好地适应体育课程的要求和个人的发展目标。

学生自评能够帮助学生设定个人目标，提高其在体育学习中的主动性与参与度。通过自评，学生可以根据自己的实际情况设定切实可行的学习目标，并在学习过程中不断调整这些目标，以适应自身的发展和变化。这不仅能激发学生的学习动机，还能使他们在体育活动中保持较高的参与度。这种自我驱动的学习方式，使得学生在体育课程中能够更加主动地进行学习和实践，从而在体育技能和知识的掌握上取得更大的进步。

自评过程能够培养学生的反思能力，使其在运动技能和知识的掌握中不断进行自我调整与改进。通过自评，学生可以在每一次体育活动后进行反思，分析自己的表现，找出不足之处，并制定改进的策略。这种反思能力的培养，不仅有助于学生在体育课程中的进步，也使他们在日常生活中能够更好地面对各种挑战和困难。通过不断的自我反思和调整，学生能够在体育学习中不断进步，逐步提高自己的运动能力和综合素养。

学生自评有助于提高学习动机，增强对体育活动的兴趣与投入，从而推动积极的情感态度形成。在自评过程中，学生能够看到自己的进步和努力的成果，这种积极的反馈能够极大地增强他们的学习动机。随着动机的增强，学生对体育活动的兴趣也会随之增加，他们会更加积极地投入体育学习中。这种积极的情感态度，不仅有助于学生在体育课程中取得更好的成绩，也能使他们在日常生活中更加积极向上，形成健康的生活方式和正确的价值观。

（二）学生互评的机制

学生互评的机制在体育课程评价中扮演着重要角色。通过学生互评，能够有效促进学生之间的互动与交流，提升学习的深度和广度。学生互评的机制不仅是一个评价工具，更是一个学习过程，通过相互评价，学生能够更好地理解课程内容，提升自身的学习能力。为了实现有效的学生互评，教师需要设计合理的流程，确保学生能够在互评过程中获得积极的学习体验。

学生互评的流程设计是确保互评有效性的关键。在设计过程中，需要明确互评的步骤和规范，以便每位学生能够清晰理解互评的目的和方法。首先，教师应当向学生解释互评的意义和重要性，让学生认识到互评不仅是对他人表现的评价，更是对自身学习的反思。其次，制定详细的互评步骤，帮助学生逐步完成互评任务。通过明确的流程设计，学生能够在互评中有序进行，确保每个环节都能达到预期目标。

建立互评标准对于保证互评结果的客观性和公正性至关重要，具体的评价指标和评分细则需要根据课程目标和学生的实际情况进行制定。评价指标应涵盖学生在课程中的表现，如参与度、合作能力、技术掌握情况等。评分细则则需要具体到每个指标的评判标准，以便学生在互评过程中有据可依。通过科学合理的互评标准，能够有效地避免主观偏见，确保互评结果的客观性和一致性。

（三）学生参与的激励措施

1. 学生的积极参与

在体育课程评价中，学生的积极参与是提升课程质量和教学效果的重要因素。为此，设立奖励机制显得尤为关键。通过对积极参与评价的学生进行表彰，不仅可以让学生感受到被认可，还能激励更多学生参与到课程评价中。这种奖励机制不仅是物质上的激励，更是一种精神上的认可，能够有效提高学生的参与热情和动力，从而使更多学生愿意投入体育课程的评价中，形成良性循环。

2. 提供反馈机会

让学生在体育课程评价中表达自己的看法和建议，不仅能让他们感受到被重视，还能增强他们的参与感和责任感。通过这种方式，学生能够深入地理解课程内容，并在提出建议的过程中培养批判性思维和解决问题的能力。这种反馈机制的建立，不仅能够提升学生的参与度，还能为课程的改进提供宝贵的第一手资料，促进课程不断优化。

3. 团队竞赛和活动的组织

通过团队合作，学生不仅能感受到集体的力量，还能在互动中提高自身的沟通和协作能力。这样的活动能够增强参与的乐趣和互动性，让学生在愉快的氛围中更加投入体育课程中。这种团队化的活动形式，不仅能增强学生间的凝聚力，还能让他们在竞赛中获得成就感，从而进一步激发他们参与体育课程评价的兴趣。

4. 引入游戏化元素

将课程评价过程设计成趣味性活动，可以大大提升学生的主动性和积极性。通过游戏化的方式，学生能够在轻松愉快的环境中参与评价，这种方式不仅能调动学生的积极性，还能让他们在过程中提升对课程的理解和热爱。游戏化的设计使得课程评价不再是单调的任务，而是富有挑战和趣味的活动，促使学生主动参与其中。

三、体育课程评价的家长主体

（一）家长在体育课程评价中的角色定位

家长在体育课程评价中扮演着多重角色，他们的积极参与不仅对学生的体育发展至关重要，也对课程评价的全面性和准确性有深远的影响。家长作为学生体育教育的重要支持者，通过积极参与学校的体育课程评价，能够有效地增强学生的自信心和参与感。这种参与不仅限于简单的旁观，而是通过实际行动和反馈，帮助学生更好地理解和融入体育活动，从而提升他们的整体表现。

在体育课程评价过程中，家长可以提供宝贵的反馈信息，帮助教师更全面地了解学生在家庭环境中的体育活动参与情况。这样的信息对于教师评估学生的表现至关重要，因为它提供了课堂之外的视角，使得评价更加全面和客观。通过了解学生在家庭中的体育活动，教师可以更准确地调整教学策略，以满足每个学生的个性化需求，促进其全面发展。

家长的参与不仅限于反馈和支持，还在促进家庭与学校之间的沟通与合作中发挥着重要作用。家长与学校的紧密联系能够确保双方共同关注学生的体育发展和健康状况。通过这样的合作，学校可以更好地了解学生在家庭中的体育习惯，家长也能更深入地理解学校体育课程的目标和内容，从而在家中更好地支持孩子的锻炼和学习。

家长通过参与体育课程评价活动，可以更深入地了解课程的内容与目标。这种了解不仅能帮助家长在生活中更有效地支持孩子的锻炼和学习，也能增强他们对学校体育教育的信任和支持。家长的这种参与和支持对于学生的体育发展至关重要，能够激励学生在体育活动中表现得更加积极和自信。

（二）提高家长体育评价参与度的策略

1. 开展家长培训工作坊

家长的参与不仅能为课程提供多元化的视角，还能促进家庭与学校之间的沟通与合作。为此，开展家长培训工作坊成为一种有效的策略。建立培训工作坊的目的是向家长普及体育课程的目标和评价标准，使他们更好地理解课程设置的初衷及其对学生发展的意义。通过这种方式，家长能够更清楚地认识到体育课程在培养学生身心健康、团队合作能力以及领导能力等方面的作用，从而增强对课程的支持与配合。

2. 建立家长反馈机制

通过定期收集家长对体育课程和评价的意见与建议，教师可以获得来自家庭层面的宝贵反馈。这些反馈不仅有助于发现课程实施中的不足之处，还能为教师提供改进课程设计和教学方法的依据。家长的意见往往能反映出学生在校外的表现和对课程的真实感受，因此家长反馈机制的建立能够在一定程度上弥补教师单方面观察的局限性。

3. 组织亲子体育活动

亲子体育活动为家长和学生提供了共同参与体育锻炼的机会，不仅能加深彼此之间的情感联系，也能使家长更直接地体验到体育课程的内容与价值。通过亲子活动，家长可以更直观地观察到学生在体育活动中的表现和进步，并在活动中感受到体育课程对孩子的积极影响，从而更加积极地参与到课程评价中。

4. 鼓励家长加入学校体育委员会

通过参与课程评价的决策过程，家长能够更深入地了解课程的设计理念和实施策略，并对课程的改进提出建设性意见和建议。家长的加入不仅丰富了课程评价的视角，也使他们在学校教育中扮演了更为积极的角色。这种参与不仅能增强家长的责任感，还能增强他们对学校教育的信任与支持。

四、体育课程评价的社区与利益相关者主体

（一）政府部门的角色

政府部门在体育课程评价中扮演着至关重要的角色。首先，政府应制定全国统一的体育课程评价标准，以确保各地区在评价过程中遵循一致的规范和要求。这不仅有助于维护教育公平，还能确保评估结果的可比性和可靠性。全国统一的标准为各地学校提供了明确的方向和框架，使得体育课程评价能够在标准化的体系内进行。此外，统一标准的制定还能够有效地减少地区间资源分配不均导致的教育质量差异，从而促进教育的均衡发展。

在体育课程评价的过程中，政府部门的监督和评估职能同样不可或缺。政府需要对教育机构的体育课程评价进行严格的监督，确保其遵循相关政策和标准，以提升课程的整体质量。通过对评价过程的监控，政府可以及时发现和纠正不符合标准的行为，确保体育课程的实施达到预期的教育效果。监督与评估不仅是对教育机构的约束，更是对其发展方向的指导，帮助其不断优化课程设置与教学方法，从而提高学生的体育素养和身心健康水平。

资金和资源的支持是政府部门在体育课程评价实施中不可忽视的一个方面，政府应积极提供必要的资金和资源支持，帮助学校改善体育设施，从而为体育课程评价的有效实施提供坚实的物质基础。充足的设施不仅能提升学生的学习兴趣，还能为教师的教学活动提供更多的发挥空间。通过政府的资金投入，学校可以更新陈旧的设备，拓展体育活动的种类和规模，进而提高体育课程的实施效果和评价质量。

为了确保体育课程评价的科学性与有效性，政府部门应组织定期的培训和研讨活动，以提升教师的评价能力和专业素养。这些活动为教师提供了一个交流和学习的平台，使其能够掌握最新的评价理论和方法，进而提高其在实际教学中的应用能力。通过持续的专业发展，教师可以不断更新自己的知识体系，提升评价的精准性和科学性，从而更好地服务于学生的体育发展需求。

（二）社会组织的参与

社会组织在体育课程评价中扮演着重要的角色，其参与不仅可以为评价过程提供多元化视角，还能够增强评价的科学性和有效性。社会组织应积极参与

体育课程评价的设计与实施，利用其丰富的专业知识和实践经验，为课程评价提供坚实的理论基础和实践指导。这种参与能够确保评价过程的客观性和公正性，避免评价仅限于学术圈内的自我循环。通过引入外部视角，评价体系能够更好地反映社会需求，提升课程设计的针对性和适应性。

社会组织通过组织体育活动和赛事，可以有效地促进学生的参与热情，从而提高体育课程评价的实际效果和社会认可度。这样的活动不仅能为学生提供展示自我的平台，还能激发他们对体育的兴趣和热情，进而影响他们在课程中的表现。这种实践导向的评价方式，能够更真实地反映学生的体育素养和综合能力，为课程评价提供更为全面的参考依据。

为了更好地推动体育课程评价的实施，社会组织应与学校建立紧密的合作机制。通过共同制定体育课程评价标准，双方可以实现信息交流与资源共享，确保评价标准的合理性和可操作性。这样的合作关系有助于打破学校与社会之间的壁垒，形成评价过程的合力，提升体育课程的整体质量。此外，这种合作还可以促进教育资源的优化配置，使更多的学生受益。

社会组织还可以为教师提供丰富的培训和发展机会，帮助他们提升在体育课程评价中的专业能力和评价技巧。通过定期组织培训和研讨会，教师能够及时了解最新的评价理论和实践方法，从而在实际教学中更好地应用。这不仅提高了教师的专业水平，也为课程评价提供了更具专业性的保障，使评价结果更具说服力和参考价值。

此外，社会组织应通过广泛的宣传与推广，增强社会对体育课程评价的关注度。这种宣传不仅可以提高公众对体育课程重要性的认识，还能促进家庭、学校与社会的共同参与，形成全社会支持体育教育的良好氛围。只有通过多方力量的共同努力，体育课程评价才能真正发挥其应有的作用，推动学生全面发展和体育教育的持续进步。

（三）企业与市场的影响

在现代体育教育中，企业与市场的影响力日益显著，成为体育课程评价的重要组成部分。企业在体育课程评价中不仅可以提供资金支持，还能够支持学校开展多样化的体育活动和评价项目，从而增强课程的实施效果。通过企业的资金支持，学校可以购置更先进的体育器材，组织更高水平的体育活动，这不仅有助于提升学生的身体素质，还能在一定程度上提升体育课程的整体质量和吸引力。

市场上专业体育设备和技术服务公司的参与，能为体育课程评价提供科学性和准确性上的保障。这些公司能够提供符合国际标准的体育器材和先进的评估工具，确保体育课程的评价过程更加客观和公正。专业公司的介入，使得体育课程的评价不再仅仅依赖于传统的主观判断，而是能够通过精确的数据分析和科学的方法进行评估，从而提高体育课程评价的可信度。

企业的参与不仅限于提供资金和设备，还可以通过合作开发针对学生的体育课程评价软件，利用数据分析技术提高评价的效率与可操作性。这样的软件能够帮助教师更好地记录和分析学生的体育表现，从而为每位学生量身定制个性化的体育发展计划。这种基于数据的评价方式，能够更准确地反映学生的体育素养和进步情况，为教育者提供更为翔实的参考依据。

企业通过赞助体育赛事和活动，能够显著提升学生对体育课程的参与热情，并促进健康生活方式的推广。通过参与企业赞助的活动，学生不仅能够获得更多的运动机会，还能在潜移默化中受到健康生活方式的影响。企业品牌的参与，使得体育课程的推广不再仅仅是学校的责任，而是形成了社会各界共同参与的良好氛围。

第三节　体育课程评价的指标体系

一、体育课程评价指标的选择原则

（一）科学性原则

体育课程评价指标的科学性原则是确保评价过程和结果的关键。体育课程评价指标应基于科学的测量方法，确保数据的准确性和可信度。这意味着在选择和设计评价指标时，应采用经过验证的测量工具和方法，以准确反映学生的体质和技能水平。例如，心肺耐力测试、肌肉力量测量等指标，都是基于科学研究和实践验证的结果。通过使用这些科学的测量方法，教师可以获得更为客观和可靠的数据，从而更好地评估学生的体育能力和发展情况。

评价指标的选择需遵循运动生理学、运动心理学等相关学科的理论基础，以确保其有效性与科学性。体育课程的评价不仅是对学生身体能力的测量，还涉及心理素质、团队合作等多方面的能力。因此，评价指标的设计应充分考虑这些因素，以全面反映学生在体育活动中的表现和进步。通过结合生理学和心理学的理论，评价指标能够更好地解释学生在不同情境下的表现，帮助教师制订更有针对性的教学计划。

为了保证评价结果的一致性和可比性，应采用标准化的测试工具和程序，减少主观因素的干扰。标准化的测试工具和程序能够确保不同教师在不同时间和地点进行的测试具有相同的标准，从而使得评价结果具有可比性。这对于学校间的比较、学生个体的进步追踪都具有重要意义。通过标准化的程序，教师和学生都可以更清楚地理解评价的标准和过程，进而提高评价的公平性和透明度。

（二）动态性原则

体育课程的评价指标不应是一成不变的，而是需要根据学生的实际表现和反馈进行定期调整。这种调整不仅有助于优化评价体系的适应性，也能提高其时效性。通过动态调整，评价指标能够更准确地反映学生在不同阶段的成长与发展，支持其能力的提升。这种原则强调了评价体系在面对学生个体差异和发展需求时的灵活应对能力。

动态性原则要求评价体系能够及时响应教育政策和体育课程内容的变化。随着教育政策的不断更新，体育课程的内容和目标可能会发生变化，因此评价指标也需相应地进行更新。这样可以确保评价体系始终与最新的教育目标和课程内容保持一致，进而提升其指导和促进学生发展的作用。这一原则强调了评价体系在政策变革和课程创新背景下的适应能力，确保其在不断变化的教育环境中保持有效性。

在实施过程中，评价指标应根据学生的成长与发展阶段进行动态调整。这意味着评价体系需要根据学生在不同年龄和发展阶段的能力变化进行修订，以反映其真实的学习成果和能力提升。这种动态调整不仅能更好地支持学生的个性化发展，还能为教师提供更精准的教学反馈，帮助他们优化教学策略和方法，促进学生的全面发展。

（三）适应性原则

适应性原则在体育课程评价中扮演着至关重要的角色，它强调评价指标应充分考虑学生的个体差异，确保每位学生在其自身能力和发展水平的基础上接受公正的评价。在体育课程中，学生的身体素质、运动技能和兴趣爱好各不相同，因此评价指标的设定需要灵活多样，以适应不同学生的需求。这不仅有助于激发学生的学习动力，还能促进他们在体育活动中的全面发展。适应性原则的实施要求评价体系中的每一项指标都能反映学生的个性化需求，从而实现因材施教的教育目标。

体育课程的内容和教学目标常常随着教育政策的变化而更新，这就要求评价体系具备足够的灵活性，以便及时调整和更新指标。适应性原则强调评价指标应能够反映最新的教学目标和课程内容，确保评价的有效性和前瞻性。教育政策的变动可能带来新的教学方向和重点，评价指标的更新则是对这些变化的积极回应。通过对评价指标的动态调整，能够更好地支持教师在教学过程中实现既定的教学目标，并确保学生的学习成果得到真实的反映。

在评价实施过程中，学生的反馈是一个重要的参考依据。适应性原则要求在评价过程中，教师应关注学生对评价指标的反馈，及时进行调整，以确保评价能够真实地反映学生在体育活动中的表现与进步。学生的反馈不仅能揭示评价指标设计中的不足，还能为指标的优化指明方向。通过对学生反馈的重视和分析，可以不断完善评价体系，从而更好地服务于学生的成长和发展需求。

此外，评价指标的设计必须考虑到不同环境和条件下的适用性。适应性原则强调，无论是在室内还是室外，无论是团体运动还是个人项目，评价指标都应能够得到有效实施和应用。不同的教学场景可能对评价指标的适用性提出不同的要求，因此设计时需充分考虑这些因素，以确保评价的公平性和准确性。通过在多样化的教学环境中验证指标的有效性，能够确保其在各种情境下都能发挥应有的作用，为体育课程的评价提供坚实的支持。

二、体育课程评价指标的权重分配

（一）权重分配原则

权重分配原则的核心在于以学生的综合发展需求为导向。体育课程不仅关注学生的体质发展，还涉及技能、知识和情感态度的培养。因此，权重的分配必须反映出这些维度的相对重要性。通过合理的权重设置，评价体系能够更准确地反映出学生的全面发展水平，避免单一维度的偏重或忽视。

在权重分配过程中，必须充分考虑不同年龄段和性别学生的特点，以确保评价的公平性和有效性。年龄和性别在一定程度上影响着学生的身体素质和运动能力，因此在设置权重时，应根据这些差异调整各项指标的比重。例如，低年龄段的学生可能更需要在体质和基本运动技能上进行强化，高年龄段的学生则可能需要更多地关注于专业技能和心理素质的培养。这样的调整不仅提高了评价的科学性，也使得评价结果更具实际指导意义。

权重分配应结合课程目标与实际教学情况，以确保评价指标能够紧密结合教学内容，反映课程的实际效果。课程目标是评价体系的重要依据，不同的课程目标对应不同的教学内容和方法，因此权重分配应与课程目标保持一致，以确保评价体系能够真实反映教学的实际效果。通过这样的结合，评价不仅能为教学提供反馈，还能为课程的改进提供依据，从而推动体育课程的可持续发展。

在权重分配中，动态调整机制的重视也是不可或缺的。随着教学实践的深入和学生反馈的积累，可能需要对各项指标的权重进行定期评估和修订。动态调整机制的引入，可以使评价体系在面对不断变化的教学环境和学生需求时，保持其科学性和适应性。通过定期的评估和调整，评价体系能够更好地服务于学生的发展和课程的改进。

权重分配的过程应当保持透明化，以增强评价的信任度与参与度。透明化的权重分配过程不仅有助于教师、学生和家长对评价体系的理解和接受，还能提高他们对评价结果的信任。通过公开的沟通和解释，各方能够更好地理解不同指标的权重设置依据，从而在评价过程中形成良好的互动关系。这种透明化的机制，也为评价体系的持续改进提供了坚实的基础。

（二）权重分配方法

在体育课程评价中，权重分配方法至关重要。权重分配的准确性直接影响到评价结果的科学性和公正性。首先，权重分配应基于学生在各个评价维度的表现数据，通过统计分析方法来确定各维度的重要性。这种方法不仅可以确保评价的客观性，还能反映出学生在实际学习过程中的真实表现。通过对大量数据的分析，可以识别出哪些维度对学生的全面发展更为关键，从而在权重分配中给予相应的重视。

其次，专家评估法在权重分配中扮演着重要角色。分配权重时可以邀请体育教育领域的专家参与权重设定过程，借助他们的专业知识和经验，对各评价指标的权重进行合理设定。专家评估法的优势在于其能够结合理论与实践，提供更具前瞻性和专业性的建议。这种方法不仅提高了权重分配的准确性，还为课程评价提供了一个权威的参考框架，使得评价结果更具说服力和可靠性。

再次，权重分配还需结合课程目标与教学实际进行调整。即根据课程教学策略，对各项指标的权重分配进行合理调整，以确保课程评价能够准确反映教学目标的实现程度。课程目标的实现与教学策略的运用密切相关，因此在权重分配时，需充分考虑到这些因素，以确保评价指标的设置能够真实反映教学的实际效果和学生的学习成效。

最后，通过收集家长和学生对各评价维度重要性的反馈，确保权重分配的透明度和公平性。家长和学生作为课程评价的重要利益相关者，其意见和建议对于评价体系的完善具有重要参考价值。通过共同参与和收集反馈，不仅可以增强评价结果的信任度和接受度，同时也能推动学校与家庭之间的良性互动，为学生的全面发展创造更有利的环境。

三、体育课程评价指标的有效性分析

（一）体育课程评价指标的可靠性检验

1. 重复测量

为了验证体育课程评价指标的可靠性，重复测量是一种常用的策略。通过在不同时间点对同一组对象进行测量，并比较其结果的一致性，研究者可以更好地理解指标的稳定性。这种方法不仅可以揭示指标在时间上的一致性，还能帮助识别潜在的误差来源，为指标的改进提供依据。通过这种方式，可以确保体育课程评价指标在长期应用中保持其有效性。

2. 实施专家评审

邀请领域内的专家对评价指标的设计和实施进行审核，可以为指标的有效性提供强有力的支持。专家评审不仅能为指标的理论基础提供验证，还能通过专家的反馈优化指标的设计和应用方法。这样可以确保指标的科学性和实用性，提升其在实际应用中的可靠性。

3. 试点测试

在试点阶段，指标被应用于小范围内的实践，以收集反馈并进行分析。通过这种方式，可以提前发现指标在实际应用中可能遇到的问题，并对其进行优化。试点测试不仅能为指标的改进提供实证依据，还能通过反馈分析提升其在不同环境下的适用性和可靠性。

（二）体育课程评价指标的内容效度分析

体育课程评价指标的内容效度分析是确保评价体系科学性的重要环节。在体育课程中，评价指标应紧密围绕课程目标设置，以准确地反映学生在课程中所取得的学习成果。课程目标的实现不仅是教学质量的体现，更是学生全面发展的保障。因此，内容效度分析需关注指标与课程目标的相关性，确保所选指标能够有效反映课程所期望达成的学习成果。这一过程要求评价指标不仅要涵盖技能和知识的掌握，还要关注学生在体育精神、团队合作能力等方面的综合发展。

为了验证体育课程评价指标的科学性和合理性，内容效度分析通常通过专家评审的方式进行。邀请体育教育领域的专家参与评审，可以有效地收集对评价指标的专业意见和建议。专家评审的过程不仅是对指标设计的验证，也是对评价体系的进一步完善。通过专家的反馈，可以发现指标中存在的不足之处，并进行相应的修正和优化，从而提高评价指标的有效性和适用性。

在进行内容效度分析时，需充分考虑学生的实际需求与特点。体育课程的评价指标应能真实反映学生在课程中的表现与发展，关注个体差异和多元化需求。指标的设计要以学生为中心，确保其能够激发学生的学习兴趣和积极性。通过对学生特点的深入分析，评价指标才能更具针对性和实效性。

此外，内容效度分析还应包括对评价指标实施过程的审查。评价指标的操作步骤明确且易于教师和学生理解与执行，是提高其可操作性的重要保障。操作步骤的清晰性直接影响到评价的公正性和有效性，因此在设计评价指标时，应充分考虑其实施的可行性，确保教师能够顺利开展评价，学生能够清楚理解评价标准。通过对实施过程的审查，可以进一步完善评价指标，使其更具实用性和指导意义。

（三）体育课程评价指标的预测效度评估

体育课程评价指标的预测效度评估是确保评价指标能够准确预测学生未来运动表现和健康发展的关键。通过相关性分析，研究者可以考察体育课程评价指标与学生实际运动表现之间的关系。这种分析不仅有助于验证指标的预测能力，还能揭示其在不同情境下的适用性。相关性分析的结果如果显示出高相关性，就意味着这些指标在预测学生运动表现方面具有较高的可信度。

为了深入理解体育课程评价指标的预测效度，采用纵向研究设计是必要的。通过跟踪学生在体育课程中的表现变化，研究者可以分析评价指标对未来运动能力发展的预测效果。纵向研究可以揭示学生在不同阶段的成长轨迹，帮助识别哪些指标能够有效预测学生的长期运动能力发展。这种方法不仅可以验证指标的预测效度，还能为课程设计提供实证支持。

结合定量与定性研究方法，通过问卷调查和访谈收集学生对评价指标有效性的反馈，是评估其对学习成果预测能力的重要途径。问卷调查能够量化学生对指标的感知，访谈则提供了深入了解学生体验的机会。通过这种综合的方法，研究者可以获得更全面的视角，评估指标在实际教学中的效果，并为指标改进提供依据。

利用统计模型，如回归分析，评估体育课程评价指标对学生长期运动参与度和健康状况的预测能力，是确保指标科学性与有效性的关键步骤。回归分析可以量化指标与学生长期运动参与度之间的关系，帮助识别对学生健康发展具有重要影响的因素。这种统计方法为验证指标的预测效度提供了坚实的理论基础，并为体育课程的持续改进提供了数据支持。

四、体育课程评价指标的适用性研究

（一）体育课程评价指标的适用情境分析

体育课程评价指标的适用性涉及多个方面，首先需要对适用情境进行全面分析。体育课程评价指标在不同教育阶段的适用性是一个重要的考量因素。小学、中学及大学阶段学生的身体素质和技能水平存在显著差异，因此制定相应的评价指标以满足各阶段的需求显得尤为重要。在小学阶段，评价指标可能更多地关注基础运动技能的掌握和兴趣的培养；在中学阶段，评价指标可能更注重体能的提升和专项技能的发展；在大学阶段，评价指标则可能侧重综合素养的提高和运动习惯的养成。

其次，体育课程评价指标的适用性体现在不同运动项目中。各运动项目由于其自身特点，需要专门设计评价指标，以确保评价的科学性和针对性。例如，在田径项目中，速度、耐力和爆发力是关键评价要素；在球类运动中，团队协作、战术意识和个人技术是评价的重点；游泳项目则可能更加关注技术动作的规范性和体能的协调性。通过针对性地设计评价指标，可以更好地反映学生在不同运动项目中的表现和进步。

再次，体育课程评价指标在特殊人群中的适用性也需要特别关注。针对有特殊需求的学生群体，如残障学生，制定适合他们的评价标准是保证公平性与包容性的关键。这不仅需要考虑到他们在生理条件上的特殊性，还需要在心理上给予支持和鼓励，以便他们能够在体育活动中获得成就感和乐趣。这种评价指标的设计需要结合医学、教育学和心理学等多方面学科知识，以确保其科学性和可操作性。

最后，体育课程评价指标的适用性涉及不同文化背景下的应用。不同地区和文化对体育活动的理解和参与方式可能存在差异，因此调整评价指标以适应多样化的文化需求是必要的。在一些文化中，集体项目可能更受重视，而在另一些文化中，个人项目可能更为普及。通过对文化背景的深入了解，可以在评价指标中融入文化敏感性，使其更具包容性和适应性。

此外，体育课程评价指标在不同环境条件下的适用性也不可忽视。室内与室外、城市与乡村等环境对体育活动的影响各不相同，因此设计灵活的评价指标以适应各种教学场景是必要的。在室内环境中，可能需要更多关注于器械的使用和空间的合理利用；而在室外环境中，可能需要考虑到天气、场地等因素对体育活动的影响。通过灵活调整评价指标，可以更好地适应不同环境条件下的教学需求，确保体育课程评价的有效性和准确性。

（二）体育课程评价指标对多元化教育环境的适应性

在现代教育中，体育课程评价指标的适用性研究已成为一个重要课题。体育课程评价指标对多元化教育环境的适应性，要求在设计指标时，充分考虑到不同教育环境的特点。多元化教育环境不仅包括学生的文化背景和地区经济发展状况，还涉及教育资源的分配权重和学校规模的差异。因此，体育课程评价指标必须具备高度的适应性，以确保在各种教育环境中都能有效发挥作用。

体育课程评价指标的设计需要根据不同教育环境的特点进行调整。具体来说，在不同的教育阶段，评价指标应针对学生的身心发展特点，制定相应的适用标准。例如，小学阶段的体育评价指标应更多关注学生的基本运动技能和兴趣培养，中学阶段则应强调体能发展和团队合作能力。此外，评价指标还应考虑到学生的文化背景和地区经济发展状况，以反映多元化教育环境中的公平性。这种调整不仅有助于提高评价的准确性，还能提高教育的公平性和包容性。

在多元化教育环境中，体育课程评价指标的设计还需要关注学生的兴趣与参与度。评价指标应具备灵活性，以适应不同地域、学校规模和资源条件下的实际情况。这种灵活性不仅体现在指标的内容上，还体现在评价方法和工具的选择上。例如，在资源丰富的学校，可以采用更为复杂的评价工具；在资源有限的学校，则应简化评价程序，以降低实施难度。关注学生的兴趣和参与度，有助于提高学生在体育活动中的积极性，从而实现更好的教育效果。

第四节　体育课程评价过程的组织实施

一、体育课程评价计划的制订

（一）目标设定

体育课程评价计划的制订是一个系统且复杂的过程，其核心在于目标的设定。明确体育课程评价的总体目标是提升学生的体质健康、运动技能、体育知识和情感态度。这一目标的确立不仅是对体育课程本身的要求，更是对学生全面发展的期望。制定具体的评估指标体系是实现这一目标的关键步骤。评估指标需要涵盖体质、技能、知识与态度等多个维度，以确保对学生进行全面而准确的评价。这样的评估有助于发现学生在不同领域的优势与不足，从而为后续的教学调整提供科学依据。

时间框架的设定是体育课程评价计划制订中的重要环节。合理安排评价过程中的各项活动，确保评价的系统性与连贯性，是实现评价目标的基础。时间框架不仅涉及评价的频率和时长，还包括各项活动的具体安排和实施顺序。科学的时间规划可以有效地避免评价过程中的资源浪费和时间冲突，确保评价活动的顺利进行。同时，合理的时间安排也能为学生预留充足的准备时间，减少因时间紧迫带来的心理压力，从而提高评价的客观性和公正性。

在体育课程评价计划的制订中，教师与学生的角色分工同样需要明确。明确教师与学生的角色分工，以及各自的责任与任务，是确保评价过程高效实施和提高学生参与度的重要保障。教师在评价过程中不仅是评估者，更是指导者和支持者，他们需要根据评价结果提供专业的指导和建议；学生则是评价的主体，他们需要积极参与到评价过程中，提供真实的反馈和信息。明确的角色分工可以提高评价过程的透明度和公正性，增强教师和学生的参与感和责任感，从而提升评价的整体效果。

（二）时间安排

在体育课程评价过程中，合理的时间安排是确保评价活动顺利进行的重要因素，不仅能促进评价的有序进行，还能提高评价的有效性。

首先，在制定体育课程评价的时间安排时，需要明确准备阶段、实施阶段和反馈阶段的具体时间节点。准备阶段应包括评价工具的选择与设计、评价标准的制定等，这一阶段的时间安排应充分考虑到教师和学生的准备需求。实施阶段则是评价活动的核心，需要确保各个环节的时间分配合理，以便教师和学生能够充分参与其中。反馈阶段则需及时进行，以便根据评价结果调整后续的教学计划。

其次，明确各个评价环节的持续时间对于教师和学生合理安排时间至关重要。每一个评价环节的时间安排都应经过仔细的考量，以确保参与者能够在规定的时间内完成相应的任务。教师需要在评价过程中合理分配时间，确保学生有足够的时间进行准备和展示。同时，学生也需要根据时间安排合理规划自己的学习和训练，以充分展示自己的水平和进步。

再次，设定定期评估的时间表是跟踪学生进步与发展的有效手段。在学期内安排多次评价机会，可以帮助教师及时了解学生的学习状况和发展趋势。通过定期评估，教师能够及时发现学生在学习过程中的问题，并采取相应的措施进行指导和调整，从而促进学生的全面发展。这样的时间表不仅可以激励学生持续努力，还能为教师提供宝贵的数据支持，以优化教学策略。

最后，建立评价结果汇总与分析的时间框架是及时反馈和调整教学计划的关键。评价结束后，教师需要在规定的时间内对评价结果进行汇总和分析，以便及时向学生反馈其表现。这一过程不仅有助于学生了解自己的学习进展，还能为教师提供改进教学的依据。通过合理的时间安排，教师可以迅速调整教学策略，确保教学计划更具针对性和有效性。

（三）资源配置

资源配置在体育课程评价中扮演着至关重要的角色。

1. 评估实施所需的器材和设备配置

这包括运动测试器材、测量工具及数据记录设备的准备。这些设备不仅需要满足基本的功能要求，还需要符合评估的具体需求，以便在不同的体育活动中能够灵活应用。只有在器材和设备配置到位的情况下，才能保证评估数据的可靠性和科学性，为后续的分析和决策提供有力支持。

2. 时间和空间资源的合理安排

体育场地、教室及实验室的使用需要周密的计划，避免资源冲突和浪费。在评估过程中，合理的时间安排可以确保各项活动有序进行，充足的空间资源则能为评估提供必要的物理环境支持。特别是在大型评估活动中，提前协调场地，能够有效提高评估活动的效率和质量。

3. 信息技术支持的配置

利用数据管理系统和在线评估工具，可以实现数据的快速收集、处理和分析。这不仅提高了评价过程的效率，还为教育决策提供了及时、准确的数据支持。信息技术的应用还可以促进评价结果的可视化，使得教师、学生和家长能够更直观地理解和利用评价信息。

二、体育课程评价数据的处理

(一) 数据整理与分析

在体育课程评价过程中，数据整理与分析是确保评价结果科学性和可靠性的关键步骤。数据整理首先涉及数据清洗，这是为了去除无效和错误的数据，确保数据集的准确性。其次是数据分类，即根据预设的评价指标将数据进行分门别类，以便后续进行分析。最后是数据编码，通过对数据进行系统化的编码，增强数据的一致性和可操作性。这一系列步骤的实施，旨在为后续的数据分析奠定坚实的基础。

在数据整理完成后，运用统计分析软件对收集到的数据进行描述性统计分析。这一过程涉及计算数据的基本统计量，如平均值、标准差等，以提取关键指标和趋势，为体育课程的评价提供直观的量化依据。描述性统计分析不仅能揭示整体数据的基本特征，还能为进一步深入分析提供必要的信息支持。通过这种方法，能够有效地识别出体育课程实施过程中可能存在的共性问题和优势。

为了深入理解体育课程评价中的复杂关系，相关性分析是一种有效的方法。通过评估不同评价指标之间的关系，可以揭示潜在的影响因素。例如，分析学生的参与度与其在体育课程中的表现之间的关系，有助于识别哪些因素对学生的学习效果有显著影响。这种分析不仅为改进课程设计提供了依据，还为制定更具针对性的教学策略提供了数据支持。

差异分析是衡量不同学生群体在体育课程评价中表现差异的重要方法。通过分析诸如性别、年龄、运动基础等不同特征群体的表现，可以识别特定群体的需求。例如，分析结果可能显示某些群体在某些体育项目上表现不佳，从而提示教育者需要在这些领域加强教学或提供更多支持。差异分析的结果可以为制定教育政策提供重要的参考依据，以实现教育资源的合理配置。

（二）数据质量控制

在体育课程评价过程中，数据质量控制是确保评价结果准确可靠的关键环节。数据质量控制涉及多个方面，包括数据收集工具的标准化、人员培训、数据质量检查、安全机制的建立以及数据处理流程的制定等。通过这些措施，能够有效地提高体育课程评价的科学性和可信度。

1. 数据收集工具的标准化

确保所使用的问卷和测试工具经过严格的验证，是提高测量可靠性和有效性的基础。标准化的工具不仅可以减少测量误差，还能使不同研究之间的数据具有可比性。通过使用经过验证的工具，研究者能够更准确地捕捉到被评价对象的真实表现，从而为后续的数据分析提供坚实的基础。

2. 实施数据收集过程的系统培训

所有参与数据收集的人员都需要具备必要的技能和知识，以减少人为错误的发生。系统的培训可以帮助数据收集人员熟悉使用标准化工具的方法，理解数据收集的流程和要求，并提高其在实际操作中的准确性和一致性。通过培训，能够有效地减少因人员操作不当导致的数据偏差，确保数据的准确性。

3. 定期进行数据质量检查

通过定期检查，研究者可以及时发现数据收集中的问题，并采取相应的调整和改进措施。这种动态的监测机制有助于保持数据的质量，并为数据分析提供可靠的基础。此外，数据质量检查还可以帮助研究者识别和纠正系统性误差，进一步提高数据的可信度。

4. 建立数据记录和存储的安全机制

确保收集的数据在存储和传输过程中不被篡改或丢失，是数据质量控制的重要组成部分。通过采用加密技术和设定访问权限，可以有效地保护数据的安全性。同时，定期备份数据也是防止数据丢失的重要策略，这些措施共同保障了数据在整个评价过程中的完整性。

三、体育课程评价过程的监督

（一）监督机制的建立

在体育课程评价过程中，监督机制的建立是确保评价过程顺利进行的关键环节。监督机制旨在明确各参与主体的监督职责，确保他们在评价过程中能够明确各自的角色定位和责任。这种明确的职责分配不仅提高了监督的有效性，还能有效防止责任的模糊化和推诿现象的发生。通过建立明确的监督职责，各个参与主体能够在评价过程中积极参与和相互配合，从而提高整体评价的效率和效果。

为了确保体育课程评价的各个环节都能按照既定的标准进行，制定监督流程和标准显得尤为重要。监督流程的制定需要考虑到评价过程中的各个细节，从而确保每一个环节都能被有效监督。标准的制定则为评价提供了一个客观、公正的基准，能够有效提升评价的公正性和透明度。通过严格的流程和标准，监督机制可以在评价过程中发挥更大的作用，确保评价结果的可靠性。

在监督机制中，引入第三方评估机制是提升评价客观性和专业性的有效手段。第三方评估通常由外部专家或机构进行，他们能够以独立和中立的视角对体育课程评价进行审查。这种外部审查不仅能发现内部监督可能忽略的问题，还能为评价过程提供专业的意见和建议，从而进一步提升评价的可信度。

（二）监督标准的制定

监督标准的制定是体育课程评价过程中至关重要的一环，其核心在于确保评价的每个环节都能够遵循既定的规范和标准，以实现评价的公正性和有效性。在监督标准的制定中，明确评价过程中的各个环节如数据收集、数据处理和结果反馈等至关重要。通过对这些环节进行详细的标准化定义，能够确保评价过程的规范性和一致性，进而提高评价结果的可信度和可用性。这不仅有助于避免因评价过程不当导致的结果偏差，还能为后续的改进提供坚实的基础。

在制定监督标准时，必须充分考虑参与主体的多样性。体育课程评价涉及教师、学生及家长等多方主体，因此监督标准应确保这些主体在评价过程中的权利和义务得到平等体现。这种多元化的参与机制有助于从不同角度获取全面的信息，使评价结果更加客观和全面。通过保障各主体的参与权利，可以有效地激发他们对评价过程的积极性和责任感，从而提高评价活动的整体质量。

监督标准中需包含定期审查机制，以确保评价活动的实施效果和过程符合预定目标。通过定期审查和评估，能够及时发现评价过程中存在的问题，并根据反馈进行必要的调整。这种动态调整机制不仅能提高评价的灵活性和适应性，还能确保评价活动始终保持在正确的轨道上，避免因外部环境变化导致的偏差。同时，定期审查也为持续改进提供了依据，使评价体系能够不断完善和优化。

建立透明的投诉和申诉渠道也是监督标准的重要组成部分，这样的机制确保了参与者能够对评价过程中的不公正现象进行反馈和申诉，从而维护评价的公正性。通过提供透明和便捷的申诉途径，可以有效减少因误解或不当行为引发的冲突，增强参与者对评价体系的信任感和认同感。这不仅有助于提升评价活动的透明度，也为构建和谐的评价环境奠定了基础。

四、体育课程评价结果的呈现与分析

（一）评价结果的可视化呈现

体育课程评价结果的可视化呈现是降低数据理解和应用门槛的重要手段。通过将复杂的评价数据转化为直观的图形和图表，能够帮助教师、学生及家长更清晰地了解学生的体育表现和健康状况。利用图表展示学生在各项体能测试中的具体得分，可以直观地反映学生的体质健康水平。例如，通过数据图表，教师可以迅速识别出哪些学生在体能测试中表现突出，哪些学生需要进一步关注和指导。这种可视化手段不仅提高了数据的可读性，还为后续的教学调整提供了有力依据。

1. 雷达图

雷达图是一种有效的数据展示工具，用于呈现学生在不同运动技能方面的综合表现。通过雷达图，各项技能的得分和整体表现一目了然，从而更容易发现学生的强项与弱项。例如，某学生在速度和灵活性上表现优异，但在耐力和力量方面相对薄弱，教师可以据此提供针对性的训练建议。雷达图的多维度展示方式，使得各项技能间的比较更加直观，便于学生和教师共同制订提升计划。

2. 柱状图

通过柱状图，学校管理者和教师可以轻松地识别出不同群体间的差异与趋势。这种比较不仅有助于发现优秀的教学实践，也能揭示出需要改进的领域。通过对比分析，学校可以更好地理解不同教学策略的效果，并据此调整课程设置和教学方法，以促进学生的全面发展。

3. 数据仪表盘

通过数据仪表盘，教师和家长可以随时了解学生的运动频率、活动强度以及其他健康指标。这样的实时数据更新，不仅提升了信息的可获取性，还有助于及时发现学生在运动参与中的问题，进而采取相应的措施进行干预和指导。

4. 热力图

热力图在展示学生在不同运动项目中的表现频率方面，具有独特的优势。通过热力图，教师可以迅速识别出学生在哪些项目中参与度高，在哪些项目中表现不足。这种信息对于制订个性化的训练计划至关重要。教师可以根据热力图提供的数据，设计出更具针对性的训练方案，以激发学生的运动兴趣和提升其运动表现。个性化的训练计划，不仅能帮助学生在短期内提升技能，也有助于其长期的体育发展。

（二）评价结果的分析方法

评价结果的分析是体育课程评价中的关键环节，通过科学的方法对评价结果进行分析，可以为教育决策提供有力支持。利用描述性统计分析方法，可以对评价结果的基本特征进行总结。描述性统计指标包括均值、标准差等指标，能够揭示学生整体表现的分布情况，从而帮助教师了解学生在体育课上的总体水平和进步空间。这一分析方法不仅有助于发现学生群体的普遍趋势，还能为后续的教学改进提供数据支持。

在进一步探讨学生体育表现与各项评价指标之间的关系时，回归分析技术显得尤为重要。通过回归分析，教育研究者可以识别出影响学生体育表现的关键因素及其影响力和方向。这种分析不仅能够揭示个体差异的来源，还能够帮助教师调整教学策略以更好地满足学生的需求。通过对多种因素的综合分析，回归分析为教育者提供了一个全面的视角来了解学生的体育表现。

方差分析则用于比较不同班级、年级或性别之间的评价结果差异。这种方法能够评估教学效果的公平性，确保教育资源的合理分配。通过方差分析，教育者可以识别出哪些群体在体育课程中表现优异，哪些群体需要更多的关注和支持。这种分析不仅有助于发现教学中的不平等现象，也为教育政策的制定提供了实证依据。

聚类分析是一种将学生按表现分组的技术，能够识别出不同能力水平的群体。这种分析方法为制定更具针对性的教学策略提供了基础。通过聚类分析，教师可以根据学生的能力水平提供差异化的教学内容，从而提高教学的有效性和针对性。这种方法不仅能提高学生的学习效率，还能激发学生的学习兴趣和动力。

结合质性分析可以深入挖掘学生和教师对评价结果的主观感受与反馈。质性分析对评价结果有更全面的理解，能够揭示出评价过程中难以量化的情感和态度。这种分析方法强调对个人经验和观点的重视，为体育课程评价提供了一个人性化的视角。通过质性分析，教育者可以更好地理解学生的需求和期望，从而在教学中作出更为人性化的调整。

第三章　体育课程评价的方法

第一节　体育课程量化评价方法

一、测试法

（一）测试法的设计原则

在体育课程评价中，测试法的设计原则是确保测试工具和方法的科学性。科学性是测试法的基础，只有通过科学的方法和工具，才能准确反映学生的体育能力和水平。测试工具的选择应基于严谨的理论基础和实证研究，确保其有效性和可靠性。通过科学的测试方法，教师可以获得客观的数据，从而为学生提供准确的能力评估和发展建议。

测试法设计需充分考虑公平性，确保所有学生在相同条件下参与测试。公平性是评价的核心原则之一，测试设计应避免因环境或设备差异造成的结果偏差。为此，测试环境应标准化，设备应统一，并确保每位学生都能在相同的条件下进行测试。公平的测试环境不仅能保证结果的可信度，也能提高学生对测试的信任和参与度。

设计多样化的测试项目是测试法的重要组成部分，以适应不同年龄段和能力水平的学生需求。学生在身体和心理发展上存在个体差异，因此测试项目应具有多样性，以便全面评估学生的体育能力。针对不同学生特征设计多样化测试项目，教师可以更准确地了解学生的优势和不足，从而制订个性化的教学计划，促进学生的全面发展。

（二）测试法的实施步骤

1．确定测试目标

明确测试内容与学生能力之间的关系是至关重要的，这不仅能确保测试的针对性，还能有效评估学生的体育水平。测试目标的确定需要结合课程标准与学生的实际情况，以便测试能够真实反映学生的体育能力与学习成果。通过明确的目标设定，测试将更具方向性和科学性，为后续的测试实施奠定基础。

2. 选择适合的测试工具和设备

测试工具和设备的科学性和准确性直接影响测试结果的可靠性，因此在选择过程中，应充分考虑测试对象的特征和测试项目的要求。适合的工具不仅能真实反映学生的运动能力，还能提高测试的效率和安全性。通过对工具和设备的合理选择，测试能够更加顺利地进行，为后续的数据分析提供良好的基础。

3. 制订详细的测试计划

测试计划应包括测试的时间、地点、参与人员及具体的测试流程。合理的时间安排可以避免测试过程中人员拥挤和混乱，合适的地点选择则有助于测试的安全和有效性。参与人员的组织与测试流程的设计需要详细考虑，以确保测试的有序进行。全面详细的计划不仅能提高测试的效率，还能减少误差和干扰。

4. 对测试结果进行数据记录和分析

通过科学的统计方法对测试结果进行整理，可以更好地理解学生的体育能力水平。数据分析不仅为课程评价提供了依据，也为学生的个性化发展提供了参考。结果的记录和整理需要准确无误，以便提高后续评价的精准性和反馈的有效性。通过细致的数据分析，测试结果能够更好地服务于课程评价和学生发展。

（三）测试法的结果分析

在体育课程评价中，测试法的结果分析是关键环节。测试结果的统计分析指标通常包括均值、标准差等，以评估学生整体表现的分布情况。这些统计指标不仅能揭示学生群体在某项体育能力上的整体水平，还能帮助教师识别出表现优异或有待提升的学生群体。通过分析均值，教师可以了解学生在某项体育技能上的平均表现，标准差则提供了学生成绩的离散程度信息，帮助教师判断学生成绩的稳定性和一致性。这种分析方法为教师提供了一个全面的视角，帮助他们在教学过程中作出更为精准的调整。

将不同性别、年龄段及能力水平学生的测试结果进行分组比较，是测试法结果分析的重要组成部分。通过这种分组比较，教师可以深入了解各组之间的差异与特点，从而为不同层次的学生制定更具针对性的教学策略。例如，分析结果可能显示，某些年龄段的学生在某项技能上表现突出，不同性别的学生在体育表现上也可能存在显著差异。这种分析不仅有助于揭示不同学生群体在体育学习中的优势和劣势，也为教师提供了调整教学内容和教学方法的科学依据。

建立测试结果与学生日常训练、参与度等因素之间的相关性，是探讨影响体育能力的潜在因素的重要步骤。通过相关性分析，教师可以确定哪些因素对学生的体育能力提升具有显著影响，从而在教学设计中更好地整合这些因素。例如，分析可能显示日常训练的频率与学生的测试成绩之间呈正相关关系，这表明增加训练频率可能有助于提升学生的体育能力。这样的分析结果能够为教师提供有价值的参考，帮助他们优化教学策略，提高学生的体育学习效果。

总结测试结果对学生未来体育学习和训练的指导意义，是测试法结果分析的最终目标。通过对测试结果的全面分析，教师可以为后续课程调整和个性化教学提供科学依据。这种总结不仅有助于提升学生的体育能力，还能够帮助教师在教学过程中不断优化教学策略，促进学生的全面发展。通过对测试结果的深入分析，教师可以更好地理解学生的需求，为他们提供更加个性化的指导，帮助他们在体育学习中取得更大的进步。

二、问卷法

（一）问卷设计要点

问卷设计在体育课程评价中扮演着至关重要的角色。它不仅是收集学生反馈的工具，更是理解学生对课程体验的窗口。设计问卷时，首先要明确目的，确保每一个问题都能有效反映学生对体育课程的看法和体验。这意味着问题的设计应紧密围绕课程目标，涵盖学生在课程中所经历的各个方面。因此，问卷中的问题设置必须简洁明了，避免使用复杂术语和模糊表述。这样可以确保学生能够准确理解问题，并提供真实的反馈。这种清晰性不仅提高了回答的准确性，也减轻了学生在作答时的认知负担。

问卷设计应全面覆盖课程评价的多维度内容，包括课程内容的丰富性和适切性、教学方法的有效性、教师的表现以及学生的参与度和投入度。这些维度的全面覆盖能够帮助评估者获得体育课程效果的全貌，从而为课程的改进提供实质性的依据。此外，采用适当的量表如李克特量表等，可以有效地衡量学生的态度和感受。这种量化的方式不仅便于后续的数据分析和比较，还能为课程的改进提供可操作的建议。

在设计问卷时，匿名性和保密性是两个不容忽视的要素。通过确保问卷的匿名性，学生可以更加坦诚地表达他们的真实想法和感受，减少社会期望偏差对结果的影响。这种真实反馈的获取对于课程评价的准确性至关重要。保密性则进一步保证了学生信息的安全，使他们在反馈过程中感到安心。此外，确保匿名和保密也能提高学生参与问卷调查的积极性，从而提高数据的代表性和可靠性。

（二）问卷调查实施

1．目标群体的确定

调查对象应涵盖不同年级和能力水平的学生，以确保反馈的全面性和代表性。多样化的样本选择可以帮助研究者更准确地把握课程的整体效果和学生的实际需求。此外，问卷调查的时间选择也至关重要。调查应安排在学生压力较小的时间段进行，以便他们能够在轻松的环境下填写问卷，从而提高回答的真实性和有效性。

2．预调查

在正式开展大规模问卷调查之前，进行预调查是必不可少的步骤。通过收集小规模样本的反馈，研究者可以及时发现问卷设计中的不足之处，并对其进行调整和优化。这一过程不仅能提高问卷的科学性和针对性，还能为后续的大规模调查奠定坚实的基础。与此同时，制订详细的问卷分发和回收计划也是问卷实施成功的关键。确保每位学生能够方便地获取问卷并及时提交，可以显著提高问卷的回收率，从而保证数据的完整性。

3．对问卷结果进行系统分析

在问卷数据收集完成后，对问卷结果进行系统分析是下一步的重要任务。运用统计软件对数据进行处理，能够确保结果的准确性和可靠性。这些分析结果不仅为体育课程的效果评估提供了坚实的依据，也为课程的后续改进指明了方向。通过科学的问卷调查实施和数据分析，教育者可以更好地理解学生的需求和反馈，从而不断优化体育课程的设计和实施，提升课程的整体质量和学生的学习体验。

三、量标法

（一）量标法的构建

量标法的构建在体育课程评价中扮演着至关重要的角色，它需要以明确的评估目标为基础，以确保所构建的量标能够有效反映学生的体育能力和课程效果。评估目标的明确性直接影响到量标的设计方向和具体内容，进而影响评价的准确性和有效性。通过清晰的目标设定，量标法可以更好地捕捉学生在体育课程中的表现，帮助教师识别学生的优势与不足，从而为后续教学提供依据。

在构建量标法时，必须充分考虑不同体育项目的特点，制定适合各项目的量标标准，以便全面评估学生的表现。不同的体育项目有其独特的技能要求和评估重点，因此量标法的构建不能一概而论，应根据项目的特性进行个性化设计。这种项目特异性的量标标准有助于准确地评估学生在各类体育活动中的真实表现，并为学生提供更具针对性的反馈和指导。

科学合理的评分标准是量标法中不可或缺的组成部分，它确保了评价过程的客观性和一致性，减少了主观因素对结果的影响。评分标准的制定需要基于对项目特性的深入研究和分析，以确保其科学性和公正性。通过建立明确的评分标准，教师可以在评价过程中保持一致性，避免因个人偏好或主观判断导致的评分误差，从而提高评价结果的可信度。

（二）量标法的应用

量标法在体育课程评价中具有重要的应用价值。它通过设定明确的评价标准，使得体育课程的评价更加科学和系统。量标法的应用不仅限于传统的体育项目，还可以广泛应用于田径、游泳等项目的量标制定。通过设定不同的量标，教师可以更准确地评估学生在不同项目中的表现，这不仅有助于发现学生的优势和不足，还能为学生提供有针对性的反馈，帮助其在体育技能上取得更大的进步。

在不同教育阶段，如小学和中学，量标法的适应性调整与实施是其成功应用的关键。小学阶段的体育课程评价需要考虑到学生的身体发育特点和兴趣爱好，因此量标的制定应更为灵活，以激发学生的参与兴趣。而在中学阶段，随着学生身体素质的提高和体育技能的增强，量标的制定需要更具挑战性，以促进学生的全面发展。通过这样的阶段性调整，量标法能够有效地适应不同年龄段学生的需求，提升体育课程的评价效果。

量标法在学生个性化发展中的作用也不可忽视。通过量标法，可以为不同能力的学生提供适合其发展的评价标准，促进其体育参与。这种个性化的评价方式不仅能激发学生的体育兴趣，还能帮助学生在体育活动中找到自信，培养其终身体育的意识和习惯。同时，量标法与学生自我评估结合的实践，也为学生提供了一个自我反思和自我提升的平台。学生通过自我评估可以更清楚地认识到自己的优势和不足，从而在今后的体育学习中有针对性地进行改进。

在教师的专业发展中，量标法同样发挥着重要作用。通过量标法的应用，教师可以更好地了解学生的学习状况，从而改进教学策略与评估方法。量标法不仅为教师提供了一个客观的评价工具，还促进了教师在教学中的反思与进步。通过对量标法的研究和实践，教师可以不断提升自己的专业水平，更好地服务于学生的体育学习和发展。

四、成绩记录法

（一）成绩记录的标准化

成绩记录的标准化在体育课程评价中扮演着至关重要的角色，它不仅有助于提高评价的公正性和客观性，还能为教师提供更为科学的教学反馈。成绩记录应严格遵循统一的标准化格式，以便所有学生的成绩能够在相同的基础上进行比较和分析。这一标准化过程涉及对评分细则的制定，确保教师在记录成绩时能够保持一致性，减少因个人主观因素导致的偏差。通过标准化，教师可以更加准确地评估学生在各项体育活动中的表现，从而为学生提供更具针对性的指导和支持。

在标准化的成绩记录中，各项体育活动的评分细则需要明确具体。这不仅有助于教师在记录成绩时保持一致性，还能有效减少主观因素的影响。评分细则的制定应基于科学的体育教育理论和实践经验，涵盖各项活动的核心能力和表现指标。通过细化评分标准，教师可以更为准确地捕捉学生在不同活动中的优势和劣势，从而在教学中进行有针对性的调整。同时，这也为学生提供了明确的努力方向，使其在体育学习中有更为清晰的目标。

定期更新成绩记录是确保其反映学生最新体育能力和表现的关键措施。通过定期更新，教师能够及时掌握学生的进步情况以及存在的不足，从而调整教学策略以更好地促进学生的发展。更新的频率应根据课程的具体安排和学生的实际情况进行设定，以确保记录的及时性和准确性。此外，定期更新还能够激励学生不断挑战自我，努力提高自己的体育水平。教师在更新成绩记录时，应注重与学生的沟通，帮助他们理解自己的成绩变化，并制订相应的改进计划。

成绩记录系统应具备可追溯性，以便追踪学生的历史成绩变化。可追溯性不仅有助于教师和学生了解其在体育学习中的进步与不足，还为教育管理者提供了重要的数据支持。通过追踪历史成绩，教师可以发现学生在不同阶段的学习特点和发展趋势，从而在教学中采取更为有效的策略。此外，学生也可以通过查看自己的历史成绩，反思过去的学习经历，制定更为合理的学习目标和计划。这种可追溯的记录方式，能够帮助学生在体育学习中形成自我反思和自我提升的良好习惯。

此外，成绩记录还应包括对不同能力层次学生的适应性评估。这一评估旨在确保评价结果能够公平地反映每个学生的实际水平，不论其能力高低。适应性评估要求教师在设计评分标准时，充分考虑到学生的个体差异，并在记录成绩时给予合理的调整和补充。通过这种方式，教师可以为不同能力层次的学生提供更为个性化的指导和支持，帮助他们在体育学习中取得更好的成绩。同时，这也有助于营造一个公平、公正的学习环境，使每个学生都能感受到被尊重和重视。

（二）成绩记录的分析

成绩记录的分析是体育课程评价中不可或缺的环节，它不仅有助于了解学生的学习效果，还能为教学策略的调整提供科学依据。成绩记录应结合学生的个体差异，分析不同能力层次学生的表现。这种分析可以帮助教师识别出哪些学生在某些项目上表现突出，哪些学生需要额外的指导和支持。

通过对成绩记录的纵向分析，教师可以识别学生在不同时间段的进步与退步。这种长期的数据积累和分析，有助于教师调整教学内容和方法，以适应学生的发展需求。例如，若发现某一阶段学生的成绩普遍下降，教师可以反思当前的教学策略是否存在问题，并及时进行调整。同时，纵向分析也能够帮助学生自我反思，了解自身进步的轨迹，从而激发他们的学习动力。

成绩记录的数据还可以用于群体分析，识别班级或年级内的整体表现趋势。这种分析能够帮助学校评估体育课程的整体效果，识别出哪些教学方法和内容最为有效。通过对群体数据的分析，学校可以制定更为合理的课程安排和资源配置策略，提升整体的教学质量和学生的体育素养。群体分析还可以为学校的体育教学改革提供数据支持，指导未来课程的优化方向。

成绩记录的分析还应包括学生参与度与成绩之间的关系探讨。了解参与活动对学生表现的影响，可以帮助教师设计出更具吸引力的课程内容，激发学生的参与热情。通过分析参与度与成绩的关系，教师可以识别出哪些活动最能提高学生的成绩，从而在课程设计中适当提高这些活动的比重，进而提升整体教学效果。

通过成绩记录的横向对比，教师可以评估不同班级或学校之间的体育教学效果。这种比较分析能够促进经验分享与教学改进，教师可以借鉴其他班级或学校的成功经验，改进自身的教学方法。横向对比还可以揭示不同教学环境下学生表现的差异，为教育政策的制定提供参考依据，最终推动体育教育的均衡发展。

第二节　体育课程质量评价方法

一、观察法

（一）观察法的基本原理

观察法是体育课程评价中一种重要的质量方法，其基本原理在于通过直接观察学生在课堂上的表现，获取真实的行为数据。这种方法力求全面评估学生的参与度和技能水平，提供一种动态的、与实际情境紧密结合的评价方式。观察法不仅关注学生在运动技能方面的表现，还涉及团队合作和社交互动等多方面的能力。通过观察，教师能够捕捉到学生在真实环境中的表现，进而为其提供更具针对性的指导。

观察法的实施强调评价者的客观性，观察者需保持中立，避免主观偏见对判断学生表现的影响。这一原则确保了评价结果的公正性和可信度。在体育课程中，观察者通常需要接受专业培训，以掌握如何在观察过程中保持中立和客观。此外，观察者还需熟悉观察工具的使用，以便在记录过程中减少人为误差。

为了提高观察法的科学性和规范性，常常采用系统化的观察记录工具，如观察量表或评分表。通过这些工具，观察者可以对学生的表现进行定量描述，从而为后续的数据分析和教学改进提供有效的依据。

（二）观察法的实施步骤

1. 明确观察目标

观察法的实施需要明确观察目标，设定具体的观察内容和标准。这一阶段的核心在于通过清晰的目标设定，确保观察过程具有明确的方向和聚焦点。设定的标准不仅需要涵盖学生在体育课程中的表现，还应包括他们的参与度和互动情况，这样才能全面反映学生的学习状态和发展水平。

2. 选择适当的观察时间和地点

观察时间的选择应考虑到学生在不同时间段的状态差异，观察地点则需能够真实反映学生的表现与参与情况。通过在适当的时间和地点进行观察，能够更准确地捕捉到学生的自然表现，从而提高观察结果的真实性和可靠性。这一过程要求观察者对课程安排及学生的学习节奏有深入的了解，以便作出最优的选择。

3. 使用系统化的观察记录工具

观察记录工具不仅要具备记录学生表现的功能，还应能够对观察数据进行分类和整理，以便后续的分析和反馈。通过标准化的记录工具，观察者可以更有效地收集和整理数据，确保数据的完整性和一致性。这一过程有助于提高观察法在体育课程评价中的应用效果，使其成为教师优化教学策略和课程设计的重要依据。

4. 对观察结果进行整理和分析

通过对观察数据进行整理和分析，教师可以提炼出有效的反馈信息。这些信息不仅能够帮助教师优化教学策略和课程设计，还能为学生提供针对性的指导和支持。及时的反馈是提高教学效果的重要手段，使观察法在体育课程评价中的作用得以充分发挥。这一过程强调了观察法的动态性和互动性，是实现教学改进的关键环节。

二、访谈法

(一) 访谈法的设计原则

访谈法在体育课程评价中具有重要的作用，其设计原则是确保访谈能够有效地揭示受访者对课程的真实看法和体验。访谈法应明确访谈目的。只有基于清晰的目标才能指导问题的设计，使其能够准确地引导受访者分享他们对体育课程的真实看法和体验。这一原则要求访谈者在设计问题时，充分考虑课程评价的具体目标，如了解学生对课程内容的理解、教学方法的接受度以及课程对学生发展的影响等。

为了获取更深层的见解和反馈，访谈问题应具有开放性。开放性问题能够鼓励受访者自由表达他们的观点，而不是简单地回答“是”或“否”。这种设计不仅有助于获取更丰富的反馈，还能揭示出受访者可能未曾显露的想法和感受。开放性问题的设计需要访谈者具备一定的谈话技巧，以确保问题既能引导话题，又不限制受访者的思维。

访谈法在实施过程中，需特别关注受访者的多样性。体育课程的受众包括不同年级、性别和能力水平的学生，因此访谈对象的选择应尽可能广泛，以确保获取的视角全面而多样。这种多样性可以帮助评估者更全面地理解课程的影响，并识别出不同群体在课程体验上的差异和共性，从而为课程改进提供更具针对性的建议。

为了促进受访者的真实表达，访谈环境的设置也至关重要。一个轻松和非正式的环境能够有效缓解受访者的紧张感，使他们更愿意分享真实的想法和感受。这样的环境设置可以通过选择舒适的地点、使用非正式的语言以及建立友好的互动等方式来实现。营造这种氛围有助于提高访谈的有效性，使访谈者能够收集到真实和有价值的信息。

在访谈过程中，倾听是访谈者最重要的技能之一。访谈者不仅需要认真聆听受访者的回答，还需通过适当的追问来深入探讨受访者的观点。倾听和追问的结合，不仅能确保访谈者对受访者的观点有充分的理解，还能引导受访者进一步思考和表达。这一过程需要访谈者具备敏锐的洞察力和良好的沟通技巧，以便在适当的时候提出有深度的问题，推动访谈的深入进行。

（二）访谈法的可靠性与效度提升

访谈法在体育课程评价中扮演着重要角色，其可靠性与效度直接影响研究结果的科学性。为了提升访谈法的可靠性与效度，首先需要确保访谈问题经过专家评审。专家评审能够帮助识别和修正潜在的问题偏差，确保问题具有科学性和针对性，从而有效引导受访者表达真实看法。这种方法不仅提高了访谈的质量，也为后续的数据分析奠定了坚实的基础。

在访谈过程中，使用多种记录方式是确保信息准确性和完整性的关键。录音和做笔记是常用的记录方式，它们各有优缺点，结合使用可以弥补单一记录方式的不足。录音能够完整保留访谈对话的细节，便于后续的细致分析，做笔记则能快速记录下访谈中的关键点和观察到的非语言信息。多种记录方式结合使用，能够为后续的分析提供丰富的资料支持，确保分析结果的准确性。

为了增强访谈结果的可靠性和有效性，三角验证是一种有效的策略。通过将访谈结果与其他数据来源（如问卷调查结果）进行对比，可以验证访谈所得结论的一致性和可信度。三角验证不仅能够揭示不同数据来源之间的关联，还能帮助识别出访谈中可能存在的信息偏差，从而提高研究结果的可靠性和效度，为体育课程评价提供更为坚实的依据。

访谈法的可靠性和效度还依赖于访谈者的专业素养。定期进行访谈法的培训是提高访谈者水平的重要措施。通过培训，访谈者可以掌握更为专业的访谈技巧，学会在访谈过程中保持客观性和中立性。这种专业素养的提高，不仅能增强访谈的有效性，还能提升受访者的信任感和参与度，为访谈法的顺利实施提供保障。

在访谈结束后，及时进行反馈是增强受访者参与感和信任度的重要手段。与受访者分享研究结果，不仅能让他们了解访谈的价值和意义，还能增强对访谈过程的信任。这种反馈机制有助于受访者感受到自身对研究的贡献，促进其在后续研究中的积极参与，同时也为研究者提供了一个反思和改进访谈方法的机会，确保未来研究的顺利进行。

三、档案袋评价法

(一) 档案袋评价法的概念

作为一种系统收集和整理学生在体育课程中表现、进步和成就的工具，档案袋评价法旨在全面反映学生的体育能力和学习过程。通过这种方法，评价不局限于单一的测试结果，而是涵盖了学生在课程中的多方面表现。档案袋评价法的核心在于其全面性和多样性，使得评价不再是对学生单一时刻的静态观察，而是对其动态学习过程的持续关注。这样的评价方式能够为教师和学生提供更为丰富的反馈信息，帮助他们在体育教育中进行更深入的探索和改进。

档案袋评价法强调学生的主动参与，鼓励学生自主收集和反思自己的学习资料，促进自我评估和自我认识。在这个过程中，学生不仅是被动的评价对象，更是评价的积极参与者。通过自主选择和整理自己的学习成果，学生能够更加清晰地认识到自己的优点和不足，进而在学习中进行自我调节。这种自我反思的过程，不仅提高了学生的自我管理能力，还增强了他们的自信心和责任感。此外，档案袋评价法还为学生提供了一个展示和表达自我的平台，使得他们在体育学习中获得更多的成就感和满足感。

档案袋评价法包含多种评价形式，如作品、测试结果、反思日志等，提供多维度的评估视角，增强评价的全面性和真实性。通过多样化的评价内容，教师能够从不同角度了解学生的学习状态和发展水平。例如，作品展示可以反映学生的创造力和实践能力，测试结果则能够体现学生的知识掌握情况，反思日志则是学生自我认知和成长的记录。这种多维度的评价方式，不仅为教师提供了更为全面的学生信息，也为学生提供了多种展示自我的途径，丰富了体育课程的评价体系。

档案袋评价法能够帮助教师了解学生的个性化发展，识别不同学生的需求和潜力，从而制定针对性的教学策略。通过对档案袋中资料的分析，教师可以发现学生在学习中的优势和不足，识别他们在体育学习中的特殊需求和潜在能力。这种个性化的信息为教师制定个性化教学策略提供了重要依据，使得教学更加贴近学生的实际需求，提高了教学的有效性和针对性。与此同时，教师也可以通过档案袋评价法，促进学生的个性化发展，帮助他们充分发挥自己的潜力。

档案袋评价法的实施需要教师与学生的密切合作，教师应指导学生如何有效收集和整理资料，以确保评价的有效性和可靠性。在实施过程中，教师的指导作用至关重要，他们需要为学生提供必要的指导和支持，帮助学生掌握收集和整理资料的技巧和方法。此外，教师还需要在评价过程中保持开放和包容的态度，鼓励学生表达自己的观点和想法，促进师生之间的互动和交流。通过这种合作和互动，档案袋评价法不仅能够实现对学生学习过程的全面评价，也能够促进师生之间相互理解和信任。

（二）档案袋评价法的实施步骤

1. 明确档案袋的目标

通过设定明确的评估内容和标准，教师能够确保学生所收集的资料能够真实反映其体育能力和学习过程。目标的明确化不仅有助于学生在资料收集过程中有的放矢，也使教师在评价学生表现时有据可依。设定评估标准时，需考虑学生的个体差异，确保标准的包容性和多样性，从而全面展示学生在体育课程中的进步与发展。

2. 指导学生选择适当的材料

教师应帮助学生识别哪些材料能够最有效地展示他们的学习过程和体育能力。这些材料可以包括运动表现记录、个人反思以及教练反馈等。运动表现记录能够量化学生的体育技能水平；个人反思提供了学生对自身学习体验的深刻洞察；教练反馈则为学生提供了专业的外部视角，帮助他们更好地理解自己的优势和不足。通过多样化的材料选择，档案袋能够更全面地反映学生的体育学习历程。

3. 定期组织学生进行档案袋的整理与更新

通过定期整理，学生能够对自己在不同时期的表现进行纵向比较，识别出自己的进步与不足。更新的过程不仅是对过去学习的总结，也是对未来学习的规划。教师应鼓励学生在整理过程中，主动思考自己的学习方法和目标，提升学生自我反思能力。通过这种方式，档案袋不仅是一个资料的集合，更是学生自我评估和自我发展的重要工具。

4. 教师与学生之间的定期反馈会议

在定期反馈会议中，教师可以针对档案袋中的具体内容，与学生深入讨论其体育学习的优势与改进空间。这种个性化的反馈不仅能够帮助学生更清晰地认识自己的学习状态，也能够激发其学习动力。教师在会议中应注重倾听学生的想法和感受，提供建设性的建议，帮助学生制订切实可行的改进计划，从而促进学生的持续进步。

四、情景测验法

（一）情景测验的设计原则

情景测验的设计原则在于保证其能够真实反映学生在体育活动中的实际表现和能力水平。为达到这一目标，情景测验应基于真实的体育活动场景进行。通过模拟真实运动情境，不仅可以评估学生的运动技能，还能检测他们在真实情境中应用这些技能的能力。这样，情景测验不仅是对技能的考查，更是对学生综合能力的全方位评估。

设计情景测验时，需充分考虑到不同学生的能力水平差异，确保测试题目和任务的难度适宜。过于简单的测验可能无法激发学生的潜力，过于困难的测验则可能导致学生产生挫败感。因此，设计者需在题目难度上做到平衡，以达到公平评估的目的。通过这种方式，情景测验能够给不同水平的学生提供适合的挑战，激励学生在运动中不断进步。

情景测验应包含多种评价维度，以全面评估学生的综合能力。这些维度不仅包括运动技能，还应涵盖策略运用、团队合作能力和心理素质等方面。通过多维度的评价，教师可以更全面地了解学生在体育活动中的表现。这种综合性的评估方式不仅有助于识别学生的优势和不足，也为教师提供了更为全面的教学反馈。

在实施情景测验时，过程性评价是其重要组成部分。情景测验不仅是评估工具，更是促进学生学习与成长的手段。学生在测试中不仅要展示技能，还需对自己的表现进行反思和改进。这样的过程性评价可以帮助学生在运动中不断提高，培养其自主学习的能力。

情景测验的反馈机制应及时且具体，以帮助学生理解其表现的优缺点。通过提供具体的改进建议，教师可以支持学生的可持续发展。及时的反馈不仅能激励学生继续努力，还能为他们指明改进的方向。这种反馈机制的设计是情景测验成功的重要因素，它直接影响到学生对自身能力的认知和未来的学习动机。

（二）情景测验的实施步骤

1．明确情景测验的目标

教师需要清晰地界定希望通过测验评估学生的哪些能力和表现。这一过程不仅有助于设计合适的测试内容，而且能够确保测验准确反映学生在体育活动中的实际能力。例如，教师可能希望评估学生的团队合作能力、战术意识或身体协调性。通过明确目标，教师可以更好地设计测验任务，从而实现更为精准的评价。

2．选择适当的测试场地和时间

为了确保测试环境能够真实再现体育活动的实际情境，教师需要考虑场地的大小、设备的可用性以及天气条件等因素，这些因素直接影响到测验的真实性和有效性。此外，选择合适的时间进行测试也至关重要，避免在学生疲惫或天气不佳的情况下进行测验，以减少外部干扰对学生表现的影响，从而提高测验结果的可靠性。

3．设计多元化的测试任务

为了全面评估学生在真实运动情境中的综合表现，测试任务需要尽可能多元化。例如，可以设计包括个人技能展示、小组合作任务以及战术分析等多种测试形式。多样化的设计不仅能够评估学生的个体能力，还能考查他们在团队中的表现和决策能力。通过多元化的任务设计，教师可以更全面地了解学生的综合运动素养。

4．制定详细的评分标准

评分标准需要明确、具体，以便为教师提供明确的反馈依据。这些标准应涵盖任务完成的质量、技巧的运用以及策略的合理性等方面。通过制定详细的评分标准，教师可以在评价过程中保持一致性，避免主观偏差，并给予学生公平客观的评价。这不仅有助于提升评价的信度和效度，也能为学生的后续发展指明方向。

第三节　体育课程综合评价方法

一、模糊综合评判法

(一) 模糊集合理论应用

模糊集合理论作为一种数学工具，被广泛应用于处理不确定性和模糊性问题。在体育课程评价中，模糊集合理论提供了一种新的视角和方法，能够有效地处理传统评价方法中难以量化和定义的模糊概念。通过模糊集合理论，可以对体育课程中的各个要素进行模糊化处理，从而更准确地反映其特征和状态。这种方法不仅提高了评价的科学性和客观性，也为体育课程的改进提供了重要参考。

模糊集合理论的基本概念包括模糊集、隶属函数等，这些概念为模糊综合评判法提供了理论基础。在体育课程评价中，隶属函数用于表示某一评价指标的模糊程度，从而将定性评价转化为定量分析。通过构建隶属函数，可以对体育课程的各个评价指标进行模糊化处理，进而实现对课程质量的综合评判。这种方法在处理复杂的评价体系时，能够有效地减少人为主观因素的干扰，提高评价结果的可靠性和准确性。

模糊综合评判法的构建通常包括确定评价指标、构建隶属函数、建立模糊关系矩阵、进行模糊综合运算等步骤。在体育课程评价过程中，首先需要明确评价的目标和指标体系，其次通过隶属函数将各指标模糊化，再次利用模糊关系矩阵进行综合评判，最后得出评价结果。这一过程不仅能全面反映体育课程的实际情况，还能为课程改进提供科学依据，有助于提升体育教学的整体质量和效果。

在体育课程评价中，很多因素具有不确定性和模糊性，如学生的运动能力、教师的教学水平等。模糊集合理论通过引入隶属度的概念，将这些模糊因素量化为具体的数值，从而为复杂的评价问题提供了可操作的解决方案。在实际应用中，模糊集合理论能够有效处理评价过程中遇到的不确定性问题，使得评价结果更具科学性和可比性，为体育课程的持续改进提供了坚实的理论支持。

模糊集合理论在体育课程评价中，不仅影响评价结果的准确性和科学性，还提升了数据解释的能力。通过应用模糊集合理论，可以将复杂的评价数据转化为易于理解的结果，帮助教育工作者更好地理解和分析评价结果。这种数据解释能力为体育课程的改进提供了重要依据，能够有效地指导课程设计和教学实践，从而提升体育教育教学的整体水平和质量。

（二）综合评判步骤

在体育课程评价中，模糊综合评判法是一种有效的综合评价方法，其步骤的制定对于评价的准确性和科学性至关重要。

其一，明确评价对象是进行综合评判的首要任务，需要确定参与评判的学生群体和评价指标。这一过程不仅有助于确保评判的针对性，还能提升评判的有效性。在具体实施中，评价对象的选择应基于课程的具体目标和学生的实际情况，以便更好地反映课程实施的效果。

其二，构建模糊综合评判矩阵是综合评判步骤中的关键环节。通过整合各评价维度的数据，利用模糊逻辑处理不确定性，形成综合评价依据。这一过程需要对评价指标进行系统分析，并通过矩阵的形式将各维度的评价数据有机结合，从而为后续的模糊推理提供基础。模糊逻辑的运用能够有效地解决传统评价方法中因信息不确定性带来的局限和挑战。

其三，制定分配模糊权重是确保评价结果科学性与准确性的必要步骤。依据各评价指标的重要性进行权重设定，使得评价结果能够真实反映各指标对整体评价的影响。权重的设定不仅需要专业的判断，还需结合课程目标和学生发展需求，以便在综合评判中体现出各指标的相对重要性。

其四，实施模糊推理机制是模糊综合评判法的核心步骤。通过运用模糊推理方法，对收集到的数据进行深入分析，得出综合评价结果。这一过程强调评判过程的客观性，确保评价结果能够为后续教学提供可靠依据。模糊推理机制的实施需要结合具体的评价数据和模糊逻辑理论，以保证评判的科学性和客观性。

其五，反馈与调整是模糊综合评判法的重要组成部分。依据模糊综合评判结果，为学生提供个性化的改进建议，并在后续课程中进行相应的教学策略调整。这不仅有助于提升学生的学习效果，还能为教师提供改进教学的方向。通过建立反馈机制，教师可以及时了解学生的学习状况，并根据评判结果进行教学调整，促进学生全面发展。

（三）模糊评判结果分析

模糊综合评判法通过多维度的评价体系，能够全面反映学生在体育课程中的表现和各项能力水平。通过对模糊评判结果的深入分析，教师可以更清晰地识别出学生在不同技能领域的强项和弱项，从而为制定个性化的教学策略提供科学依据。这种分析方法的应用，有助于提升教学的针对性和有效性，促进学生全面发展。

模糊评判结果应结合各评价维度的综合得分，以便更准确地评估学生在体育课程中的综合素养。通过这种方式，教师能够识别出学生在不同层面上的表现差异，为个性化教学提供数据支持。例如，某一学生在运动技能方面表现突出，但在团队合作上存在不足，这就为教师在教学中有针对性地加强团队合作训练提供了依据。此外，模糊评判结果的分析还可以揭示不同群体（如性别、年级）在综合得分上的差异，从而帮助识别潜在的影响因素。这种差异分析不仅有助于教学策略的调整，还能为教育政策的制定提供参考。

通过模糊综合评判法，教育者能够更深入地了解学生的综合素质表现。这种方法不仅限于技能的评估，还涉及非技能性指标的全面考量。模糊评判结果能够揭示学生在团队合作、策略运用等方面的表现，帮助教师和管理者全面评估学生的综合素质。这种全面评估的方式，能够促进学生在体育课程中的全面发展，同时也为教师在教学中提供了更为丰富的参考依据。通过对评判结果的分析，教师可以更有针对性地调整教学策略，提升教学效果。

分析模糊评判结果时，关注不同群体在综合得分上的差异是非常重要的。通过对这些差异的分析，教师可以识别出影响学生表现的潜在因素，并据此调整教学策略。性别、年级等因素可能对学生的表现产生不同的影响，通过分析这些因素的作用，可以帮助教师更好地理解学生的学习需求，从而制订更为有效的教学计划。这种基于数据的分析方法，为个性化教学提供了坚实的基础，有助于提升学生的学习效果。

模糊评判结果的可视化展示可以显著提高数据的易读性，帮助教师和管理者快速理解评价结果，并作出相应调整。通过图表、图形等形式的可视化展示，复杂的数据可以变得更加直观，这不仅有助于教师在教学中快速识别问题，也为管理者制定教育政策提供了便利。可视化的评判结果能够帮助教育者更清晰地了解学生的综合表现，从而更有效地进行教学调整和资源分配。通过这种直观的展示方式，模糊评判结果的应用价值能得到进一步提升。

二、层次分析法

(一) 层次结构模型构建

层次结构模型的构建是体育课程评价中至关重要的一环，其核心在于通过系统化的思维，将复杂的评价对象分解为若干层次和要素，从而形成一个清晰的结构模型。在体育课程评价中，层次结构模型能够帮助评估者明确各个评价指标之间的关系与重要性，使得评价过程更加科学和系统。层次分析法（AHP）作为一种有效的工具，通过将复杂问题分解为多个层次逐级分析，能够为体育课程的评价提供理论支持和实践指导。

层次分析法的基本原理及其在体育课程评价中的重要性体现在其独特的分层结构和数学模型上。AHP 通过构建一个多层次的结构，将复杂的体育课程评价问题转化为一系列简单的判断问题。每一层次代表一个不同的评价维度，如课程目标、教学内容、师资水平等。通过对各层次的比较和判断，AHP 能够为体育课程的综合评价提供科学的依据，确保评价结果的客观性和公正性。

建立层次结构模型的步骤包括目标分解和指标选择。首先，需要明确体育课程评价的总体目标，并将其分解为若干具体的评价目标。其次，根据这些目标，选择相应的评价指标，并将其分布于不同的层次中。指标的选择应充分考虑体育课程的特点和评价的实际需求，确保每一项指标都能准确地反映课程的实际效果和价值。通过这样的分解和选择过程，层次结构模型能够为体育课程评价提供一个清晰的框架。

在层次结构模型中，各层次指标之间的关系与相互影响是构建合理层次关系的关键。不同层次的指标往往存在相互制约和影响的关系，因此在构建层次结构时，需要充分考虑各指标之间的逻辑关系和相互作用。通过合理的层次关系构建，能够确保评价模型的完整性和科学性，使得每一个评价指标都能在整个模型中发挥作用。

(二) 判断矩阵的构造

在体育课程评价的层次分析法中，判断矩阵的构造是一个至关重要的步骤。其不仅影响到评价结果的准确性，还直接关系到整个评价体系的科学性和合理性。首先，需要对评价指标进行系统选择。这一过程涉及对体育课程目标、教学内容、教学方法和学生学习效果等多个方面的深入分析。选择评价指标时，要确保其全面性和代表性，以便能够真实反映体育课程的实施效果。

其次，构建判断矩阵时，必须遵循一定的基本原则，以保证矩阵的科学性和合理性。其中，选择评价指标和确定指标之间的相对重要性是两个关键步骤。评价指标的选择应基于体育课程的具体目标和内容，同时考虑到课程实施的实际情况。在确定指标之间的相对重要性时，可以采用专家评分、问卷调查等方法，综合各方意见，确保判断矩阵的构建过程客观和公正。通过这些方法，可以为后续的标度赋值和一致性检验提供可靠的基础。

再次，判断矩阵中元素的标度体系是构造过程中不可或缺的一部分。通常采用 1－9 标度法来表示各指标之间的相对权重，这种标度法简单而直观，便于操作和理解。在具体操作中，1 表示两个指标同等重要，9 则表示一个指标比另一个指标重要得多。通过这种标度体系，可以有效地量化各指标之间的相对重要性，进而为体育课程评价提供明确的权重分配依据。这种方法在国内外的评价实践中被广泛应用，具有较高的实用价值。

最后，判断矩阵的对称性要求是确保评价指标之间具有一致性和合理性的重要原则。在构造判断矩阵时，要求矩阵的元素满足对称性，即若指标 A 相对于指标 B 的重要性为 a，则指标 B 相对于指标 A 的重要性应为 1/a。通过这一要求，可以保证评价过程中各指标之间的比较是相对一致的，避免因主观偏差导致评价结果不准确。这一原则在体育课程评价中尤为重要，能够有效提升评价结果的可信度。

此外，判断矩阵的一致性检验方法是评估矩阵合理性和有效性的重要手段。通过一致性检验，可以判断构建的判断矩阵是否符合逻辑推理的基本要求。在具体操作中，通常通过计算一致性比率（CR）来评估矩阵的一致性，若 CR 小于 0.1，则认为矩阵具有满意的一致性，否则需要对矩阵进行调整和修正。通过这一过程，确保了数据的可靠性，为体育课程评价提供了科学的依据和支持。

三、专家打分法

（一）专家选择与培训

专家打分法在体育课程评价中扮演着关键角色，其有效性很大程度上取决于专家的选择与培训。专家的选择应严格基于其在体育教育领域的专业背景和实践经验。这意味着候选人不仅需要具备扎实的理论知识，还需要在实际操作中展现出色的能力。只有这样，才能确保他们在评价过程中作出科学、合理的判断。此外，专家的选择标准还应考虑其在团队合作和沟通能力方面的表现，因为这些能力有助于专家间的有效协作与信息共享，进而提高评价的整体质量。

为了提升专家的评价能力，系统的培训是必不可少的。培训内容应包括对体育课程评价方法的全面介绍，帮助专家深入理解各类评价工具和技术。这种知识的积累将为专家提供多样化的视角，使其能够灵活应用不同的方法进行课程评价。同时，专家还需接受关于评价标准和评分细则的培训，以确保在打分过程中保持一致性和客观性。这种培训不仅能提升专家的专业能力，还能增强其对评价工作的信心。

在专家打分法的实施过程中，专家需参与定期的反馈和交流会议。这些会议为专家提供了一个交流平台，彼此间可以分享经验和见解，并就评价过程中遇到的问题进行讨论。这种交流有助于及时更新评价方法和标准，确保其与最新的教育实践和研究保持一致。通过这样的持续学习与改进，专家不仅能提高自身的评价能力，还能为体育课程评价的发展贡献力量。总之，专家选择与培训是确保体育课程评价的科学性和客观性的基础，必须给予足够的重视和投入。

（二）评分结果的汇总与分析

在体育课程评价中，专家打分法是一种常用的综合评价方法，其核心在于对评分结果的汇总与分析。有效的评分结果汇总，不仅是简单的数据整理，更是对学生在体育课程中多方面表现的全面透视。通过计算各项评价指标的平均分和标准差，教师能够直观地了解学生在不同方面的表现情况。这种统计分析不仅揭示了学生群体的整体表现水平，还为识别个体差异提供了数据基础。通过对这些数据的深入分析，教师可以更好地了解学生的学习需求，从而优化教学策略，提升教学效果。

在进行评分结果的分类汇总时，教师需要特别关注不同性别、年级和能力水平学生的表现差异。这种分类汇总能够揭示出不同群体在体育课程中的表现特征，为后续教学调整提供有力依据。此外，年级间的表现差异也为课程设计提供了参考，帮助教师在课程难度和内容安排上做出合理调整，以促进学生的全面发展。

为了确保评价的全面性和客观性，评分结果的汇总不仅要依赖于量化数据，还应结合教师的观察和反馈。这种多维度的评价方法能够全面地反映学生的综合表现。教师在观察学生课堂表现的同时，可以将其与量化评分结果进行对比分析，从而形成对学生全面的评价。这种结合不仅提升了评价的客观性，也为教师提供了更为丰富的教学反馈信息，帮助他们在教学过程中作出更加精准的调整。

在分析评分结果时，教师应特别关注各项指标之间的相关性。这种相关性分析能够揭示不同能力因素对学生表现的影响，为个性化教学提供数据支持。例如，通过分析运动技能与团队合作能力之间的相关性，教师可以发现哪些能力是相辅相成的，从而在教学中有针对性地进行能力培养。这种基于数据的分析不仅提升了教学的科学性，也为学生提供了更为个性化的学习体验，促进他们在体育课程中全面发展。

评分结果的汇总与分析不仅是教师的工作重点，也是学生自我反思的重要依据。及时将评分结果反馈给学生，能够帮助他们了解自身的优势与不足。这种反馈机制不仅促进了学生的自我反思，也激励他们在体育课程中不断提升自己的表现。通过了解自身在各项指标上的表现，学生可以更有针对性地进行自我改进，从而在体育课程中取得更好的成绩。这种持续的改进过程，不仅提升了学生的体育能力水平，也有助于培养他们自我管理和持续学习的能力。

第四章　体育课程评价的实证研究

第一节　球类体育课程的评价实践

一、篮球课程的评价实践

（一）技术动作评价

篮球课程的技术动作评价是体育课程评价中的重要环节之一。篮球技术动作的基本要素包括运球、投篮和传球等，这些动作不仅是篮球运动的核心技能，也是评价球员技术水平的重要指标。在实际的教学和训练中，准确性、速度和协调性是技术动作评估的关键指标。通过对这些要素的细致分析，可以为运动员提供更为精准的技能指导。

在技术动作评价中，视频分析技术的应用为观察和反馈带来了新的突破。这种技术可以记录并细致地分析运动员的每一个动作细节，帮助教练和运动员识别动作中的不规范之处。通过慢动作回放和角度调整，教练可以更直观地指出学员技术动作中存在的问题，并给予针对性的改进建议。这种反馈机制不仅提高了教学的效率，也增强了运动员自我反思和调整的能力。

不同水平的运动员在技术动作上的表现差异显著，初学者可能在动作的准确性和协调性上存在较大不足，而高水平运动员则在速度和动作连贯性上表现突出。这种差异不仅反映了运动员的训练程度，也为课程设计和评价提供了数据支持。通过分析这些差异，教练可以制订更具针对性的训练计划，帮助不同水平的运动员提升技能。

（二）战术意识评价

战术意识指的是运动员在比赛中通过对比赛形势的分析和判断，作出快速而准确的决策的能力。这种能力不仅影响个人表现，更是团队成功的关键因素。战术意识的培养有助于运动员在复杂的比赛环境中保持冷静，迅速识别对手的战术意图，并采取有效的应对策略。这一能力是否提升直接关系到比赛的胜负，因此其在篮球课程中占据重要地位。

评估战术意识需要一系列明确的指标。首先是场上视野，优秀的运动员能够在高压环境下保持广阔的视野，及时发现传球和进攻的机会。其次是预判能力，即运动员对比赛进程的预测和判断，这要求他们在瞬息万变的比赛中作出高效的决策。此外，应变能力也是关键指标之一，运动员需要在战术执行过程中灵活调整策略，以应对对手的变化。通过对这些指标的评估，可以全面了解运动员的战术意识水平。

模拟比赛情境是评估战术意识的有效方法之一。在这种情境中，运动员被置于不同的战术安排下，通过观察他们的表现和反应，可以分析运动员在特定战术下的执行能力和决策过程。这种模拟情境不仅增加了运动员的实战经验，也为教练提供了宝贵的数据，以便针对性地调整训练计划。模拟比赛情境的应用，有助于发现运动员战术意识中的不足，并进行有针对性的训练。

（三）团队合作评价

团队合作评价在篮球课程中具有重要意义。团队合作的定义不仅限于共同完成任务，更强调在比赛中通过协作取得最佳的比赛结果。篮球作为一项高度依赖团队合作的运动，其成功在很大程度上取决于队员之间的默契与协同能力。在比赛中，团队合作能够有效提升团队成员的整体表现，进而影响比赛结果。因此，如何科学地评价团队合作成为篮球课程评价中的关键环节。

评估团队合作的标准多样且复杂，主要包括沟通能力、角色分配以及相互支持程度。沟通能力是团队合作的基础，涉及队员之间的信息传递和理解；角色分配要求每位队员明确自身的职责，并在比赛中充分发挥其作用；相互支持程度则反映了队员之间的信任和协作精神。这些标准不仅能帮助教练识别团队中的优势与不足，也为后续的改进提供了方向。

在篮球课程的评价实践中，通过观察和记录团队在训练和比赛中的互动，可以系统地评估团队合作的表现。观察内容包括队员在不同情境下的决策过程、应对策略及其效果等。记录这些互动细节有助于识别团队合作中出现的问题，并为改进策略提供实证依据。此外，定期的团队评估也为教练和队员提供了反思与进步的机会。

二、排球课程的评价实践

（一）发球技术评价

在排球课程的评价实践中，发球技术评价是一个重要环节。发球技术的基本要素包括站位、挥拍动作和击球点的选择，这些要素直接影响发球的质量与效果。在发球过程中，运动员需要保持站位的稳定性，以确保身体重心的平衡；挥拍动作要求流畅连贯，能够在瞬间释放力量；而击球点的选择则关系到发球的精准度和难度。通过对这些基本要素的细致分析，可以帮助运动员在技术上取得更大的进步。

发球技术的评估标准通常包括发球的准确性、速度和旋转效果。这些标准不仅是衡量运动员发球技术水平的指标，也是指导技术训练的重要依据。准确性要求运动员能够将球发至指定区域，速度考验运动员的力量和快速反应能力，而旋转效果则增加了对方接球的难度。通过对这些标准的综合评估，教练和运动员可以明确技术改进的方向，从而制订更具针对性的训练计划。

利用视频分析技术对发球动作进行细致观察，是现代体育课程评价中的一种重要方式。视频分析可以捕捉到肉眼难以察觉的细节，帮助运动员和教练发现技术中的不足之处。通过慢动作回放和逐帧分析，运动员可以获得具体的反馈与改进建议。这种技术支持不仅提高了评价的精确性，也为技术提升提供了科学依据，有助于运动员在短时间内实现技能的突破。

发球技术评价不仅影响运动员的比赛表现，还对其心理素质产生深远影响。发球时的自信心和心理稳定性是取得成功的关键因素。通过科学的评价和积极的反馈，运动员可以增强自信心，提高比赛中的心理稳定性。发球技术的提升不仅在于身体技能的进步，更在于心理素质的提高。这种全方位的提升，最终将帮助运动员在比赛中发挥出最佳水平。

（二）拦网技术评价

拦网技术在排球比赛中扮演着至关重要的角色，其评价不仅涉及技术层面的分析，还需综合考虑运动员的心理素质和比赛状态。拦网技术的基本要素包括起跳高度、手臂位置和时机把握，这些要素直接影响拦网的成功率。起跳高度是拦网技术的基础，它决定了运动员能否有效地阻挡对方的攻击线路。手臂位置则需要根据对方攻击的方向进行调整，以确保拦网的有效性。时机把握是拦网技术中最难掌握的部分，运动员需要在瞬息万变的比赛中快速作出反应，以便选择最佳的拦网时机。

拦网技术的评估标准主要包括拦网的成功率、反应速度和对对方攻击的干扰程度。拦网的成功率是衡量拦网效果的直接指标，它反映了运动员在比赛中能否有效阻挡对方的进攻。反应速度则体现了运动员的敏捷性和临场应变能力，是拦网技术中的关键因素。对对方攻击的干扰程度则需要通过观察比赛录像等方式进行定量和定性分析，以评估运动员在比赛中对对方进攻节奏的干扰效果。

利用视频分析技术对拦网动作进行细致观察，能够为运动员提供有针对性的反馈与技术改进建议。视频分析技术通过慢动作回放和多角度观察，帮助教练和运动员发现拦网动作中细微的不足之处，从而帮助运动员进行有针对性的训练和技术调整。这种技术不仅提高了拦网技术的训练效率，还为运动员提供了科学的技术改进路径。

三、乒乓球课程的评价实践

（一）发球技巧评价

发球技巧是乒乓球运动中的重点，其评价在课程中占据举足轻重的地位。发球技巧的基本构成要素包括身体姿势、握拍方式和发球节奏的掌握，这些要素共同决定了发球的质量和效果。运动员身体姿势的稳定性直接影响发球的力量和方向，而握拍方式决定了球的旋转方向和速度。发球节奏的掌握则需要运动员在短时间内完成一系列协调动作，以达到最佳的发球效果。因此，在乒乓球课程中，对于发球技巧的全面评价能够帮助运动员更好地理解和掌握这些基本要素，从而提升整体竞技水平。

发球技巧的评估标准通常包括发球的准确性、旋转效果和对对手的威胁程度。这些标准不仅是衡量发球质量的关键指标，也是运动员在比赛中取得优势的重要手段。准确性要求运动员能够将球精确地送到对方场地的指定区域，而旋转效果需要通过复杂的手腕动作实现，以提高对手接球的难度。对对手的威胁程度则是对发球综合效果的最终考量，评估运动员发球是否能够在比赛中给对手造成实质性的压力。这些评估标准在课程中被细化为具体的评分细则，能够帮助运动员在训练中有针对性地提升发球技术。

发球技巧评价对运动员比赛表现的影响不可忽视。稳定的发球技巧不仅能提高运动员的得分能力，还能在比赛中增强其心理稳定性和提高其自信心。发球作为比赛的开端动作，其成功与否直接影响到运动员的比赛心态和后续表现。因此，在乒乓球课程中，强调发球技巧的重要性和心理训练的结合，对于提高运动员的综合竞技能力具有重要意义。通过科学的评价和训练，运动员能够在比赛中保持良好的心理状态，从容应对各种挑战，进而发挥出最佳水平。

（二）反手技术评价

反手技术在乒乓球运动中扮演着重要角色，其评价不仅涉及技术层面的分析，还包括对运动员整体表现的综合考量。反手技术的基本构成要素主要包括握拍方式、身体重心的调整以及击球时机的掌握。这些要素不仅决定了运动员的击球质量，也影响着他们在比赛中的稳定性与表现。握拍方式的准确性直接关系到球拍与球接触时的角度和力度，而身体重心的合理分配有助于运动员在击球过程中保持身体的平衡，提高击球的精准度和稳定性。击球时机的掌握则要求运动员具备良好的反应速度和判断能力，在瞬息万变的比赛中迅速作出决策。

在乒乓球反手技术的评估中，击球的准确性、速度和旋转效果被视为关键标准。这些标准不仅是衡量运动员技术水平的重要指标，也是评价其比赛能力的基础。击球的准确性要求运动员能够将球精确地击入目标区域，而速度和旋转则决定了球在空中飞行的轨迹和落点的难以预测性。通过对这些标准的评估，可以全面了解运动员在反手技术上的优势与不足，并为其提供针对性的训练建议，以提升整体技术水平。

第二节　田径体育课程的评价实践

一、短跑课程的评价实践

（一）短跑技术评估

短跑技术评估在体育课程中扮演着重要角色，其核心在于对运动员技术动作的科学分析和评价。短跑技术的基本要素包括起跑反应、加速阶段和冲刺阶段的动作要领，这些要素直接影响运动员的比赛表现。在起跑阶段，运动员的反应时间是短跑技术评估的关键指标之一，这不仅考验运动员的身体素质，还涉及心理状态的调节。在加速阶段，运动员需要在最短时间内达到最高速度，这一阶段的评估标准主要集中在运动员的加速能力和身体协调性上。而在冲刺阶段，终点速度则是评估的核心，运动员需要保持最高速度直至冲过终点线。通过对这些技术要素的评估，可以为运动员提供明确的训练方向和改进建议。

在短跑技术评估中，不同水平运动员的表现差异是研究的重要内容。影响短跑成绩的关键因素包括运动员的身体素质和心理状态等。高水平运动员通常在技术细节上更加完美，起跑反应更快，加速能力更强，而心理状态的稳定性也使得他们在比赛中能更好地发挥。通过对不同水平运动员的技术进行分析，可以揭示出影响短跑成绩的深层次原因，为运动员提供个性化的训练指导，帮助他们在短时间内提升成绩。

短跑技术评价对运动员训练计划的指导作用不可忽视。通过科学的技术评估，教练可以为运动员制订更加合理的训练计划，强调在技术细节上的持续改进与优化。这不仅有助于运动员提高短跑成绩，还能促进其整体运动能力的发展。在训练中，教练应根据评估结果，针对运动员的技术短板进行专项训练，逐步提高运动员的技术水平和比赛能力。通过不断的技术评估和训练反馈，运动员的短跑技术将会得到持续的提升。

（二）短跑速度测试

短跑速度测试在田径课程中扮演着至关重要的角色。它不仅是评估运动员短跑能力的核心工具，还为教练和运动员提供了科学的训练依据。短跑速度测试的基本概念包括测试的目的、方法和重要性。其主要目的是通过量化运动员的短跑能力，为训练计划的制订和调整提供数据支持。测试方法通常包括计时跑、分段测速等，强调在标准化条件下获取准确的数据。短跑速度测试的重要作用在于，它不仅帮助识别运动员的速度优势和劣势，还能通过数据分析推动训练方法的优化，从而提升运动员的整体表现。

评估短跑速度测试的标准主要集中在反应时间、加速阶段和最大速度的测量上。反应时间是指运动员从起跑信号发出到身体开始运动所需的时间，这一指标反映了运动员的起跑敏捷性。加速阶段则是指运动员从静止状态到达到最大速度的过程，这一阶段的表现直接影响到短跑成绩的好坏。最大速度的测量通常通过电子计时器在运动员达到稳定速度的区间内进行记录。这些评估标准为短跑速度测试提供了科学的评价依据，使得测试结果更具可靠性和有效性。

短跑速度测试中使用的设备和技术日益先进，电子计时器、传感器和视频分析系统等现代科技的应用，大大提高了测试的准确性和效率。电子计时器能够精确记录运动员的反应时间和整体速度，传感器则可以捕捉运动员在加速阶段的细微动作变化，视频分析系统为教练和运动员提供了直观的动作反馈。这些技术的结合，不仅提升了短跑速度测试的科学性，还为运动员进行技术分析和改进提供了丰富的数据支持。

短跑速度测试的结果会受到多种因素的影响。天气条件，如温度、湿度和风速等，会直接影响运动员的表现。场地条件，包括跑道的材料和表面状态，也会对测试结果产生影响。此外，运动员的状态，如身体疲劳程度和心理状态，都是影响测试结果的关键因素。掌握和控制这些因素，对于确保测试结果的准确性和可比性至关重要。

（三）短跑耐力分析

短跑耐力分析是短跑课程评价中的一个关键环节，它不仅涉及对运动员能力的测量，还关乎如何通过课程设计来提升运动员的成绩。短跑耐力是指运动员在短跑运动中维持高强度运动的能力，这种能力在短跑比赛中至关重要，它直接影响到运动员在比赛中的表现。短跑耐力不仅仅是运动员体能的体现，更是技术、心理和战术的综合反映。在短跑课程中，对耐力的分析有助于识别运动员的优势和不足，从而为针对性训练提供有力的依据。

在短跑耐力的评估过程中，评估标准是至关重要的。通常，短跑耐力的评估包括运动员在特定距离内的完成时间和心率变化。完成时间能够直接反映出运动员的速度和耐力水平，而心率变化则提供了运动员在不同强度下的生理负荷信息。这些指标不仅能帮助教练了解运动员的当前状态，也为后续的训练计划调整提供了科学的依据。通过对这些数据的分析，教练可以更好地理解运动员的耐力发展趋势，并制订相应的训练计划。

在短跑耐力分析中，测试方法的选择至关重要。常用的测试方法包括间歇性跑步测试和持续性跑步测试。间歇性跑步测试可以通过多次短时间高强度的跑步来完成，用间歇期间的恢复情况来评估运动员的耐力和恢复能力。而持续性跑步测试则通过长时间的持续跑步，观察运动员的耐力持久性和心肺功能。这两种方法各有优劣，间歇性跑步测试更适合短跑项目的特点，而持续性跑步测试则能够更全面地反映运动员的耐力水平。

影响短跑耐力的因素多种多样，其中训练强度、恢复时间和营养摄入是关键因素。训练强度直接决定了运动员的体能提升速度和耐力增长幅度，合理的训练计划能够有效地提高运动员的耐力水平。恢复时间则影响着运动员的身体恢复和适应能力，过短的恢复时间可能导致运动员疲劳积累，而过长的恢复时间可能导致训练效果减弱。营养摄入则为运动员提供必要的能量和营养支持，是短跑耐力提升的基础。

二、长跑课程的评价实践

（一）长跑技术评估

长跑技术评估在田径体育课程中同样扮演着至关重要的角色。长跑技术的基本要素包括步频、步幅和呼吸节奏的掌握，这些要素不仅影响运动员的跑步效率，还直接关系到其在比赛中的表现。步频和步幅的合理搭配能够帮助运动员在长距离跑步中保持稳定的速度和节奏，而呼吸节奏的掌握则有助于优化氧气的摄入和能量的有效利用。这些基本要素的掌握需要通过系统的训练和科学的评估来实现，以确保运动员在长跑过程中能够发挥出最佳水平。

长跑技术的评估标准是进行技术评估的重要依据。通常包括跑步姿势的稳定性、能量消耗效率和速度持久性。跑步姿势的稳定性关系到运动员能否在长时间的跑步中保持技术动作的一致性，避免不必要的能量消耗。能量消耗效率涉及运动员在长跑过程中如何以最小的能量消耗维持最大的速度，而速度持久性则是衡量运动员能否在长时间内保持较高速度的关键指标。这些标准为长跑技术的评估提供了明确的方向和目标。

长跑技术评估对运动员训练计划的指导作用不可忽视。通过技术评估，教练可以为运动员制订个性化的训练计划，强调在技术细节上的持续改进与优化。技术评估的结果不仅可以帮助运动员了解自身的优劣势，还可以为其设定明确的训练目标。此外，长跑技术评估还可以帮助教练在训练过程中及时调整策略，以确保运动员在技术和体能上得到全面发展。通过这种方式，长跑技术评估成为提高运动员竞技水平的重要手段。

（二）战术运用分析

战术运用分析是长跑课程评价中的重要环节，涉及对运动员在比赛中战术选择和执行的全面评估。长跑战术的基本构成包括起跑策略、配速管理和冲刺时机的选择。这些要素不仅仅是技术层面的考量，更是对运动员体能和心理素质的综合考验。在起跑阶段，运动员需要根据自身的体能状况和比赛的整体节奏制定合理的起跑策略，以确保在比赛初期体能不被过度消耗。配速管理则是在比赛过程中保持稳定的速度，避免过快或过慢带来的体能加速损耗或竞争劣势。冲刺时机的选择是长跑战术的关键，运动员需要在适当的时机全力冲刺，以最大化地利用自身的体能储备。

战术运用的评估标准主要包括战术执行的准确性、适应性和对比赛局势的掌控能力。准确性是指运动员在比赛中是否能够严格按照预定的战术计划执行，而适应性考察运动员在比赛过程中根据实际情况调整战术的能力。对比赛局势的掌控能力则体现在运动员对比赛进程的预判和应对策略上。这些标准不仅帮助教练和运动员识别战术执行中的优劣势，还为后续的战术调整提供了科学依据。通过这些评估，能够更好地指导运动员在未来比赛中优化战术运用，提升比赛成绩。

（三）体能恢复策略

体能恢复策略在长跑课程的评价实践中占据重要地位，旨在帮助运动员在高强度的训练和比赛后及时恢复到最佳状态。体能恢复策略的基本原则包括恢复的及时性、科学性和个性化。及时性强调运动员在运动后尽快采取恢复措施，以减少疲劳积累。科学性要求在体能恢复过程中应用基于科学研究的有效方法，以确保恢复的效果。个性化则注重根据每位运动员的具体情况制订恢复计划，以满足个体差异。这些原则共同作用，确保运动员在后续训练中保持良好的身体状态，并降低受伤风险。

不同的恢复方法在长跑课程中各有千秋。主动恢复方法，如轻度运动和拉伸，有助于促进血液循环，加速代谢废物的清除。被动恢复方法，如休息和睡眠，主要通过减少身体活动来恢复体力。冷疗和热疗作为恢复手段，分别通过降低肌肉温度和促进血液循环来减轻肌肉疼痛和僵硬感。每种方法都有其特定的适用场景和效果，需要根据运动员的需求和实际情况进行选择和组合，以达到最佳恢复效果。

营养补给在体能恢复过程中至关重要，尤其是在长跑课程后。恢复期内的营养素摄入策略应包括足够的蛋白质和碳水化合物，以促进肌肉修复和能量储备的恢复。补水方案同样重要，运动员应在运动后及时补充水分和电解质，以维持体液平衡。科学合理的营养补给策略不仅能加速体能恢复，还能提高运动员的整体表现和健康水平。

三、跳高课程的评价实践

(一) 助跑与起跳评价

助跑与起跳评价在跳高课程中扮演着至关重要的角色。助跑的基本构成要素包括步频、步幅和身体重心的控制。助跑过程中，步频与步幅的优化对于运动员保持最佳速度和稳定性至关重要。步频过快可能导致运动员失去节奏，而步幅过大则可能影响速度的积累。因此，运动员需要在训练中反复调整，以找到最适合自己的步频与步幅组合。此外，身体重心的控制也是助跑的关键因素之一，运动员需在整个助跑过程中保持重心的平稳，以确保起跳时的爆发力能够充分发挥。

起跳技术的评估标准主要包括起跳高度、起跳时机和爆发力的运用。起跳高度是衡量运动员跳高能力的重要指标，而起跳时机的选择则直接影响起跳的效果。运动员需要通过科学的训练来提高其对起跳时机的把握，确保在最佳时刻进行起跳，从而达到理想的高度。同时，爆发力的运用也是起跳技术的重要组成部分。通过力量训练和技术指导，运动员可以提高爆发力的利用效率，从而提升整体跳高表现。

助跑与起跳的协调性评价是跳高课程评价实践中的重要环节。运动员在助跑过程中如何有效转换为起跳动作，直接关系到整体跳高表现的优劣。通过对助跑与起跳动作的协调性进行分析，可以发现运动员在动作衔接上的不足之处。教练可以根据这些分析结果，指导运动员进行针对性的协调性训练，以提高助跑与起跳之间的流畅性和效率，从而帮助运动员取得更好的跳高成绩。

(二) 过杆技术评价

过杆技术评价在跳高课程中具有重要地位。过杆技术的基本要素包括身体姿势、手臂位置和腿部动作的协调性，这些要素将直接影响运动员在过杆过程中的表现。保持最佳的身体平衡与流畅性是成功过杆的关键。身体姿势需要在空中保持一定的弧度，以便减少对杆的干扰，手臂和腿部的动作则需要高度协调，以确保整个动作的流畅性和有效性。这些技术要素的掌握不仅有助于提高运动员的过杆高度，还能增强其在比赛中的表现稳定性。

过杆技术的评估标准主要包括过杆高度、动作的流畅性和对杆的干扰程度。科学的评估标准能够为运动员提供明确的训练目标。在实践中，通过对过杆高度的测量，结合动作流畅性和对杆干扰程度的观察，可以全面评估运动员的过杆表现。科学的训练在提升过杆表现中占据重要地位，通过系统的训练计划，运动员可以逐步改善其技术细节，提高过杆成功率。这种评估与训练的结合，有助于运动员在比赛中发挥出最佳水平。

四、投掷课程的评价实践

（一）铅球课程的评价

铅球课程的评价在田径体育课程中占据重要地位，通过科学的评价方法，可以帮助运动员提高技术水平和比赛成绩。铅球投掷技术的基本要素主要包括握球方式、投掷姿势和发力技巧。这些要素直接影响铅球投掷的距离与准确性。握球方式需要运动员掌握适当的手指位置和力度，以确保投掷过程中的稳定性。投掷姿势则要求运动员在起始阶段保持身体平衡，并在投掷过程中保持良好的身体协调性。发力技巧是投掷过程中最关键的环节，合理的发力顺序和爆发力，可以显著延长铅球投掷距离。掌握这些基本要素，不仅能提升运动员的技术水平，还能有效降低其受到运动损伤的风险。

铅球投掷的评估标准主要包括投掷的准确性、力量和稳定性。这些标准帮助运动员识别技术改进的方向。准确性评估关注投掷过程中运动员的目标控制能力，确保铅球在规定区域内落地。力量评估则侧重于运动员的爆发力和肌肉耐力，通过测量投掷距离来反映运动员的力量水平。稳定性评估关注运动员在投掷过程中保持身体平衡和技术一致性的能力。通过这些评估标准，教练可以为运动员制订个性化的训练计划，帮助他们在比赛中取得优异成绩。

不同水平的运动员在铅球投掷表现上的差异，通常受到多种因素的影响，其中包括身体素质和心理状态。高水平运动员通常具备更强的肌肉力量和更好的技术执行能力，能够在比赛中表现出更高的稳定性和准确性。心理状态也是影响铅球投掷成绩的关键因素，运动员在比赛中的自信心、专注力和压力管理能力直接影响其发挥水平。通过分析这些差异，教练可以更好地理解运动员的需求，并提供更有针对性的指导和支持。

(二) 标枪课程的评价

标枪课程的评价在田径体育课程中同样占据重要地位，其核心在于对标枪投掷技术基本要素的深入分析。握杆方式、投掷姿势和发力技巧是决定投掷距离的关键因素。握杆方式的选择直接影响标枪在空中的稳定性，而投掷姿势则涉及运动员的身体协调性和力量传递效率。发力技巧不仅要求运动员具备强大的身体素质，还需要精准的技术控制，以最大化投掷距离。这些基本要素的优化是提升标枪投掷成绩的基础。

标枪投掷的评估标准主要包括投掷的准确性、力量和稳定性。这些标准不仅能够帮助运动员明确技术改进的方向，还为教练员提供了量化的评价依据。准确性评估关注标枪在空中轨迹的控制，力量评估侧重于运动员的爆发力和耐力水平，稳定性则强调动作的一致性和节奏感。通过这些标准的综合应用，运动员可以在训练中有针对性地进行技术调整和能力提升。

利用视频分析技术对标枪投掷动作进行细致观察，是当前标枪课程评价的重要手段之一。通过视频分析，可以捕捉到运动员在技术执行中的细微动作，识别出潜在的缺陷。比如，肩部的旋转角度、腿部的发力顺序等，这些细节往往是影响投掷效果的关键因素。通过视频回放和慢动作分析，运动员和教练可以直观地看到技术中的不足之处，从而进行有针对性的改进。

第三节　水上体育课程的评价实践

一、游泳课程的评价实践

(一) 游泳技术评估

游泳技术评估是水上体育课程中至关重要的一环，它不仅涉及对运动员技术水平的客观测量，也为技术提升提供了科学依据。游泳技术的基本构成要素包括划水动作、踢腿方式和呼吸技巧的协调性。这些要素的有效结合是运动员在水中表现出色的基础。划水动作的效率直接影响到运动员的推进力，而踢腿方式则在保持身体平衡和前进速度中起到关键作用。呼吸技巧的协调性影响到运动员的耐力和动作的流畅性。对这些要素的深入分析，可以为运动员提供全面的技术指导。

游泳技术的评估标准是确保运动员技术进步的关键。评估标准通常包括游泳速度、动作流畅性和水中稳定性等指标。这些标准不仅帮助教练和运动员明确技术改进的方向，还为制订个性化的训练计划提供了数据支持。游泳速度反映了运动员在特定距离内的表现能力，动作流畅性体现了技术的熟练程度和协调性，水中稳定性则是运动员在水中保持姿态和速度的能力。这些标准的综合评估可以为运动员的训练提供更具针对性的反馈。

游泳技术评价的反馈机制是促进运动员技能提升与发展的重要环节。通过系统的评估与反馈，教练能够为运动员提供清晰的改进建议和发展方向。反馈机制不仅包括技术层面的指导，还涉及心理层面的支持。通过积极地反馈和鼓励，运动员能够在技术训练中保持积极的态度和持续的动力。这种系统的反馈机制在现代体育教育中被广泛应用，为运动员的全面发展提供了坚实的支持。

（二）游泳体能测试

游泳体能测试在水上体育课程中扮演着至关重要的角色，其基本目的在于评估运动员的体能素质，涵盖耐力、力量和灵活性等多个方面。这一测试为教练和运动员提供了制订个性化训练计划的科学依据。通过对这些体能素质的评估，教练能够更准确地了解运动员的身体状况和潜力，为其设计更具针对性的训练方案，从而提升运动员的整体表现。

在游泳体能测试中，常用的方法包括游泳距离测试、游泳时间记录和心率监测等。这些方法的综合使用，能够确保对运动员体能水平的全面评估。例如，游泳距离测试可以帮助判断运动员的耐力，而游泳时间记录则有助于评估其速度和效率。心率监测提供了运动员在不同强度下的身体反应数据，帮助教练更好地了解运动员的心肺功能和恢复能力。

数据分析技术在游泳体能测试中发挥着关键作用。通过统计方法和图表展示，教练和研究人员可以直观地观察运动员体能变化的趋势。这种科学的数据分析不仅为制订训练计划提供了有力的支持，也为运动员自身的进步提供了明确的方向。通过对比不同时间段的数据，教练可以准确地判断训练效果，调整训练强度和内容，以达到最佳的训练效果。

二、水球课程的评价实践

（一）水球战术理解

水球战术的重点在于进攻与防守策略的选择，这在比赛中至关重要。进攻策略通常包括快速传球、创造空当以及利用对手的防守弱点进行突破，而防守策略则强调区域防守与人盯人结合，以尽可能地限制对手的进攻。战术的选择不仅影响比赛的节奏和结果，也决定了团队在比赛中的整体表现。通过对战术的深入理解，运动员能够在比赛中更好地执行教练的意图，以便达到预期的比赛效果。

在水球比赛中，空间利用是实现战术目标的关键。合理的站位和移动可以有效地创造进攻机会。运动员需要通过观察比赛形势，迅速判断最佳位置，以便在关键时刻接球或射门。空间的有效利用不仅要求运动员具备良好的体能和技术，还需要他们具备敏锐的战术意识和快速反应的能力。通过对空间利用的研究，教练可以制订更具针对性的训练计划，提高运动员在比赛中的表现。

不同战术配合的应用是水球比赛中展示团队协作的最佳方式。一支成功的水球队伍通常能够在比赛中灵活运用多种战术，如快速反击、双人夹击和交叉掩护等，以实现战术目标。这需要队员之间高度的默契和信任，同时也考验教练在赛前战术布置上的智慧。通过对战术配合的深入分析，团队可以在比赛中更好地应对各种挑战，提高整体的竞争力。

水球战术的实时调整是比赛中不可或缺的一部分。根据对手表现和比赛进程进行战术变更，能够帮助球队在逆境中寻求突破。教练需要具备敏锐的洞察力和快速的决策能力，以便在比赛中及时调整战术，保持球队的竞争优势。这种实时调整不仅考验教练的临场指挥能力，也要求运动员具备快速适应新战术的能力，以确保团队在比赛中始终处于主动地位。

（二）水球团队协作

水球团队协作在体育课程评价中占据重要地位。水球团队协作的基本定义涵盖了运动员之间的沟通、配合与角色分工，这些因素对于团队的成功至关重要。沟通是团队协作的核心，运动员需要通过有效的交流来传达战术意图和比赛策略。配合则要求队员间的默契与理解，以便在比赛中做到动作一致、心有灵犀。角色分工则决定了每位队员的职责和任务，明确的分工能够避免比赛中的混乱，提高整体效率。这些要素共同构成了水球团队协作的基础，为团队的成功奠定了坚实的基础。

在水球比赛中，团队协作的作用尤为突出。有效的协作不仅能够提高进攻的效率，还能增强防守的稳固性。通过团队协作，队员们可以在进攻时形成多样化的战术组合，利用彼此的优势打破对方的防线。在防守时，协作则体现为队员之间的相互补位与协防，确保对手难以找到突破口。此外，团队协作还能够在比赛中提升队员的心理稳定性，增强团队凝聚力。

评估水球团队协作的标准是评价实践中的重要环节。评估标准包括团队成员之间的信任程度、配合默契程度以及战术执行的协调性。信任是团队协作的基石，队员之间的高度信任能够增强团队的凝聚力和战斗力。配合默契程度则反映了队员之间的协同能力的强弱，默契的配合能够在比赛中形成强大的战斗力。战术执行的协调性则是对团队战术理解和执行能力的考验，是评估团队协作水平的重要指标。这些标准为水球课程的团队协作评价提供了科学的依据。

（三）水球规则掌握

1. 水球规则的基本构成

水球规则的基本构成，包括比赛的时间、场地要求和参赛人数等，是运动员在比赛中合规操作的基础。水球比赛通常在长 30 米、宽 20 米的泳池中进行，比赛时间分为 4 节，每节 8 分钟，参赛人数为 7 人。这些规则不仅规范了比赛的进行，也为运动员提供了一个公平竞争的环境。掌握这些基本规则有助于运动员在比赛中保持正确的节奏和良好的场上表现，从而更好地发挥个人和团队的潜力。

2. 水球比赛中的犯规类型及其处罚措施

水球比赛中常见的犯规类型包括持球犯规、阻挡犯规和攻击犯规等，每种犯规类型都有相应的处罚措施，如罚球或出局。运动员对这些规则的理解与遵守不仅影响比赛的流畅性，也直接关系到比赛的结果。通过对犯规类型的深入学习，运动员可以有效地避免不必要的失误，确保比赛的公平性。同时，规则的掌握也有助于运动员在比赛中保持良好的心理状态，减少因犯规导致的心理压力。

3. 进攻与防守的基本规则

进攻规则包括持球时间限制和进攻区域的划分，而防守规则则涉及防守队员的位置和动作限制。掌握这些规则，运动员能够更好地制定和执行比赛策略，提高团队的协作能力和整体竞争力。规则的熟练运用不仅能提升比赛的观赏性，还能增强运动员的战术意识和临场应变能力，使其在面对不同对手时能够灵活调整策略，最大化比赛优势。

4. 水球比赛中的换人规则及其对战术调整的影响

根据比赛规则，教练可以在比赛的任意时间换人，这为战术调整提供了极大的灵活性。通过灵活运用换人策略，教练可以根据比赛形势的变化及时调整球队的阵容，以应对对手的不同战术安排。运动员在比赛中对换人策略的理解和适应能力将直接影响比赛的结果。因此，水球课程中对换人规则的学习不仅要注重规则本身，还要强调其在实际比赛中的应用和战术调整的技巧。

5. 裁判在水球比赛中的角色与判罚标准

裁判的判罚直接影响比赛的进程和结果，因此运动员必须具备对裁判判罚的适应能力与良好的心理素质。通过对裁判角色和判罚标准的学习，运动员可以更好地理解比赛规则，减少因误判导致的心理波动。同时，良好的心理素质有助于运动员在面对不利判罚时能够保持冷静，专注于比赛本身，提高自身的竞技水平和团队的整体表现。

三、皮划艇课程的评价实践

（一）皮划艇划行技术

皮划艇划行技术在水上体育课程中占据着核心地位，其技术的掌握直接影响运动员的竞技水平。皮划艇划行技术的基本要素包括划桨的握法、划水的角度和对身体重心的控制，这些都是运动员在训练中需要重点掌握的内容。划桨的正确握法不仅影响划水的效率，还直接关系到运动员在水中的平衡和稳定性。划水的角度则决定了推进力的大小，过大或过小的划水角度都会导致体能的浪费。身体重心的控制是确保划行稳定性的关键，运动员需要在划水过程中保持身体的协调，以达到最佳的划行效果。

在皮划艇划行技术的评估中，划水速度、划桨的入水角度和划行的稳定性是重要的评估标准。划水速度反映了运动员的推进效率，而划桨的入水角度则影响着水流的利用和能量的传递。划行的稳定性不仅是技术水平的体现，更是比赛中能否保持优势的关键因素。评估过程中，通过对这些标准的量化分析，教练可以准确地判断运动员的技术水平，并为其指明改进的方向。

在皮划艇划行技术的评价中，反馈机制的建立尤为重要。通过系统的评估与反馈，运动员可以及时了解自身的技术水平和不足之处，从而在后续训练中进行针对性的改进。有效的反馈机制不仅能促进运动员的技能提升与发展，还能增强他们的自信心和提高他们的训练积极性，为未来良好的竞技表现打下坚实的基础。

（二）皮划艇耐力评估

耐力在皮划艇运动中不仅是一个体能指标，更是衡量运动员在比赛中能否持续高水平发挥的关键因素。通过对耐力的定义，我们能够更好地理解其在皮划艇课程评价中的重要角色。耐力不仅涉及肌肉的持久性和心肺功能的高效运作，还需要运动员在长时间的比赛中保持专注与稳定。这样的定义为我们提供了一个框架，用于评估运动员在实际比赛中的表现能力。

耐力评估的标准是皮划艇课程评价中不可或缺的一部分，这些标准涵盖了划行时间、心率监测和能量消耗的测量。这些指标，可以全面反映运动员的耐力水平。划行时间直接反映了运动员的持续运动能力，而心率监测则提供了运动员在不同强度下的心肺负荷信息。能量消耗的测量帮助我们理解运动员在比赛中能量使用的效率。这些标准的综合运用，使我们能够对运动员的耐力水平进行多维度的评估，从而进行更为准确的课程评价。

在皮划艇耐力评估中，采用不同的耐力测试方法，如间歇性划行和持续性划行测试，可以有效比较其对运动员耐力评估的有效性。间歇性划行测试通过模拟比赛中的高强度间歇，考察运动员在短暂恢复后重新达到高强度输出的能力。而持续性划行测试则注重运动员在长时间内保持稳定输出的能力。通过比较这两种方法的测试结果，教练可以更好地了解运动员的耐力特点，并为其制订更具针对性的训练计划。

影响皮划艇耐力的关键因素包括训练强度、恢复策略和心理调节能力，这些因素对运动员表现有着综合影响。训练强度的合理安排可以有效提高运动员的耐力水平，而科学的恢复策略则有助于运动员在高强度训练后迅速恢复体能。良好的心理调节能力在长时间比赛中尤为重要，它帮助运动员保持专注和积极的心态。通过深入探讨这些因素，教练可以更好地理解如何在训练中提升运动员的耐力表现。

耐力评估结果的反馈机制是帮助运动员提升耐力水平的重要工具。通过数据分析，教练和运动员可以清晰地了解当前的耐力状况，并据此制订个性化的训练计划。反馈机制不仅是对评估结果的简单呈现，更是通过数据挖掘和分析，帮助运动员找到提升耐力的最佳路径。这样的机制在皮划艇课程中扮演着重要角色，能够有效地指导运动员的训练，提高其在比赛中的综合表现。

（三）皮划艇安全技能

皮划艇安全技能是水上体育课程中至关重要的组成部分，其核心在于提升运动员对水域环境的认知和对潜在危险的识别能力。水域环境的复杂性和多变性要求运动员具备敏锐的观察力和判断力，以便在进行皮划艇活动时能够迅速识别安全隐患。这种技能的培养不仅是理论知识的掌握，更需要运动员在实际操作中不断进行实践和反思，以确保其在面对未知或危险的水域时，能够作出正确的判断。

评估运动员在不同水域条件下的自我保护能力和应急反应能力，是皮划艇安全技能培养的重要环节。运动员需要在训练中经历多种水域环境的模拟，以提高其适应能力和反应速度。通过对运动员在各种水域条件下表现的观察和记录，可以有效评估其安全技能水平。确保运动员具备应对突发情况的能力，这不仅能保障其自身安全，还能提高整个团队的安全系数。

在皮划艇课程中，通过模拟救援情境来评估运动员在紧急情况下的决策能力和处理能力，是提高其安全意识的重要手段。模拟情境提供了一个近似真实的环境，让运动员在心理和技能上都做好充分准备。通过对模拟救援过程的分析，可以发现运动员在紧急情况下的反应模式和决策过程，从而有针对性地进行训练和指导，以提升其在实际救援中的表现。

建立皮划艇安全技能的反馈机制，是促进运动员在训练和比赛中对安全知识持续学习与应用的关键。通过定期的反馈和总结，运动员能够更好地理解自身在安全技能方面的优势和不足。反馈机制不仅是对过去表现的总结，更是对未来训练方向的指导。通过这种机制，运动员可以在不断地反馈中调整自己的训练计划，确保在每一次训练和比赛中都能有效应用所学的安全知识。

四、潜水课程的评价实践

（一）潜水技术掌握

潜水技术的掌握是潜水课程评价的核心要素之一。潜水技术的基本要素包括呼吸控制、浮力调节和水下导航的掌握，这些都是潜水员在水下活动中必须具备的技能。呼吸控制涉及在不同深度下的气体交换效率，而浮力调节则是通过设备和身体姿态的调整来保持其在水中的平衡。水下导航需要潜水员在复杂的水下环境中准确辨识方向，以确保安全返回。掌握这些技术不仅能提高潜水的安全性，还能提高潜水员的自信心和体验感。

潜水技术的评估标准是衡量潜水员技术水平的重要指标，这些标准通常包括潜水深度、时间管理和水下动作的流畅性。潜水深度的掌握体现了潜水员对环境压力的适应能力，而时间管理则体现其在有限气源下的任务完成效率。水下动作的流畅性反映了潜水员对技术的熟练程度和身体的协调性。在课程评价中，这些标准被用来客观地评估潜水员的技术水平，并为其提供改进建议。

（二）潜水安全操作

潜水安全操作在潜水课程中占据核心地位，其基本原则涵盖了潜水前的准备、潜水中的监控以及潜水后的恢复。这些环节对于确保潜水员的安全与健康至关重要。在潜水前，潜水员需进行身体状况评估，确保没有潜水禁忌证，同时检查所有设备的功能性，以防潜在的故障。潜水过程中，监控潜水员的状态，及时调整潜水计划，确保其安全。潜水后，恢复阶段的处理同样重要，需关注潜水员的身体反应，防止迟发性潜水病的发生。这些步骤构成了潜水安全操作的基础，是保障潜水员安全的关键。

潜水员在水下环境中需要掌握一套行之有效的安全信号和沟通方式，以便在复杂多变的环境中有效传达信息和应对突发情况。这些信号和沟通方式包括手势、灯光信号以及声学信号，能够在无声的水下环境中提供清晰的指引。在潜水课程中，教授这些信号的使用方法尤其重要，以确保潜水员能够在紧急情况下迅速做出反应，保障自身及团队的安全。此外，潜水员还需熟悉潜水计划中的每一个细节，以便在与队友沟通时能够准确传达信息。

正确使用与维护潜水装备是潜水安全操作的另一个重要方面。潜水服、呼吸器和其他安全设备的检查与调整是潜水前准备的重要环节。潜水员需熟悉各类装备的功能和使用方法，定期进行设备检查和维护，确保其在潜水过程中能够正常运作。任何设备的故障都可能带来严重的安全隐患，因此，潜水课程中对装备使用与维护的培训是必不可少的环节。通过严格的装备管理，潜水员可以有效降低潜水过程中的风险。

应急救援技能的培训是潜水课程中不可或缺的一部分，这些技能包括紧急上升、气源分享、失去意识的潜水员救援等，确保潜水员能够在遇到危险时迅速有效地采取行动。在潜水课程中，通过模拟各种紧急情况，潜水员可以在安全的环境中练习这些技术，提升应对突发事件的能力。掌握应急救援技能不仅是对自身安全的保障，也是对潜水团队其他成员的责任。

第五章 体育课程评价的创新发展

第一节 基于大数据技术的体育课程评价

一、数据采集技术在体育课程评价中的应用

（一）传感器数据采集

传感器数据采集在现代体育课程评价中扮演着十分重要的角色。通过佩戴在学生身上的传感器设备，可以实时获取学生的运动数据，如心率、步数、速度等。这些数据为教师提供了精确的学生运动状态信息，使得体育课程的评价更具科学性和客观性。传感器数据采集不仅提高了数据的实时性，还为个性化教学提供了数据支持，帮助教师根据学生的具体运动表现调整教学策略。

传感器数据采集的基本原理与技术框架是基于物联网技术发展而来的。传感器通过无线传输技术，将采集到的运动数据传输至云端数据库，经过大数据分析，生成详细的学生运动表现报告。这种技术框架不仅简化了数据采集的过程，还提高了数据处理的效率和准确性。通过这种技术框架，教师能够快速获取学生的运动数据，进行深入的分析与评价，从而提升教学质量。

在体育课程中，传感器数据采集的具体应用场景非常广泛。无论是在田径场上的速度测试，还是在篮球场上的投篮精准度分析，传感器都能提供详细的数据支持。通过在不同运动场景中应用传感器技术，教师可以实时监控学生的运动状态，及时发现问题并进行纠正，以此提高学生的运动技能和课程参与度。

传感器数据采集的实时性与准确性对体育课程评价的影响是显著的。实时性确保了教师能够在第一时间获取学生的运动数据，准确性则保证了数据的可靠性。这两者结合，使得体育课程的评价更加精确和动态化。教师可以根据实时数据调整教学计划，进行个性化指导，从而提升学生的学习效果。

（二）移动设备数据采集

借助智能手机、平板电脑和可穿戴设备等移动设备，教师和研究人员能够

实时获取学生的运动数据。这些设备通过内置的传感器，如加速度计、陀螺仪和 GPS 模块，能够精确记录学生的运动轨迹、速度、步数等关键数据。这种方式不仅提高了数据收集的便捷性和准确性，还为体育课程的个性化评价提供了技术支持。

移动设备数据采集的基本原理与工作机制涉及多个方面。首先，传感器通过检测物理运动产生的信号，将其转化为可分析的数据。其次，这些数据通过无线通信技术，如蓝牙或 Wi-Fi，传输到数据处理平台。最后，在数据处理平台，算法对数据进行分析，以生成关于学生运动表现的详细报告。这一过程不仅提高了数据的实时性和动态性，还为教师提供了即时的课程反馈，帮助他们及时调整教学策略。

移动设备数据采集的实时性对课程反馈的影响不可忽视。实时数据采集使教师能够在课程进行中获得学生的运动表现信息，从而快速做出教学调整。这种即时反馈机制不仅提高了课程的针对性和有效性，还增强了学生的参与感和提高了其学习动力。通过这些实时数据，教师可以更好地理解学生的需求和能力，进而设计出更适合的教学方案，以促进学生的全面发展。

移动设备在不同体育项目中的数据采集优势也有所体现。对于室内项目，如健身操，设备能够准确记录运动频率和节奏，帮助学生调整动作。对于户外项目，如越野跑，设备的 GPS 功能可以追踪运动路径和海拔变化，为学生提供详尽的运动分析。这种多样化的应用使得移动设备成为体育课程中不可或缺的工具，为课程评价提供了新的视角和方法。

（三）网络数据采集

网络数据采集在体育课程评价中同样扮演着至关重要的角色。互联网技术的迅猛发展，使得网络数据采集能够高效地获取大量的体育相关数据。这些数据不仅包括学生的运动成绩，还涵盖了他们的运动习惯、参与频率等信息。这种数据采集方式的优势在于其广泛的覆盖面和高效的数据获取能力，为体育课程评价提供了丰富的信息来源。

网络数据采集的基本原理与流程主要依赖于网络爬虫技术和 API 接口的使用。网络爬虫能够自动访问各大体育网站和社交媒体平台，提取相关的体育数据。这些数据经过清洗、整理和分析后，可以用于评估学生的运动表现和课程效果。与此同时，API 接口的使用使得数据的获取更加便捷和实时，能够快速响应不同的评价需求。

在体育课程评价中的具体应用场景中，网络数据采集发挥了重要作用。例如，通过采集学生在社交媒体上的运动分享和讨论，可以分析他们对课程的参与度和兴趣点。此外，网络数据采集还能帮助识别学生在不同运动项目中的表现差异，为课程设计提供数据支持。这种应用场景的多样性使得网络数据采集成为体育课程评价中不可或缺的工具。

网络数据采集的实时性对学生运动表现的反馈具有显著影响。实时数据的获取和分析能够帮助教师及时调整教学策略，提高教学效果。例如，通过实时监测学生的运动心率和步数，教师可以根据学生的疲劳程度适时调整运动强度，确保每位学生都能在最佳状态下参与课程。这种实时反馈机制不仅提高了课程的科学性，也增强了学生的运动体验。

网络数据采集对学生运动参与度和行为分析的贡献不可忽视。通过对学生运动数据的分析，教师能够了解学生的运动偏好和参与情况，从而制订个性化的教学计划。此外，网络数据采集还能识别学生在运动中的行为模式，为行为干预和指导提供数据支持。这种数据驱动的分析方法提高了体育课程评价的科学性和有效性。

二、数据存储技术在体育课程评价中的应用

（一）多层次存储架构设计

在现代体育课程评价中，多层次存储架构设计是数据处理的重要组成部分。多层次存储架构通过有效的层次划分，能够实现数据的高效存储与管理，提升整体系统性能。多层次存储架构的基本原理在于将数据存储分为多个层次，从而优化数据访问速度与存储成本。多层次存储架构的重要性体现在其能够根据数据访问频率、数据类型等因素，灵活调整存储策略，确保体育课程评价数据的高效利用。

多层次存储架构的基本概念与重要性在于其能够提供灵活的数据管理策略。不同层次的存储系统各具功能，通常分为高速缓存层、主存储层和归档存储层。高速缓存层用于存储访问频繁的数据，提供快速响应；主存储层则用于存储日常使用的数据，确保数据的稳定性与可靠性；归档存储层主要用于长期保存历史数据，降低存储成本。通过这种功能划分，体育课程评价系统能够在数据访问速度与存储成本之间找到平衡点，进而提高整体效率。

在多层次存储架构中，不同层次存储的功能划分与数据管理策略是其核心所在。为了实现高效的数据管理，不同层次的存储系统需要根据数据的访问频率和重要性进行合理配置。例如，对于体育课程中的实时数据分析，高速缓存层能够提供快速的响应能力，而对于历史数据的分析与归档，主存储层和归档存储层则提供了稳定的存储解决方案。这种分层管理策略不仅提高了数据处理的效率，也增强了系统的灵活性。

在体育课程评价中，数据的安全性至关重要。多层次存储架构通过不同层次的安全策略，确保数据在传输、存储和访问过程中的安全性。例如，高速缓存层可以通过加密技术保护敏感数据，而主存储层则可以通过权限管理和备份策略，防止数据丢失和阻止未经授权的访问。这种多层次的安全策略，极大地提升了体育课程数据的安全性。

随着体育课程评价数据量的不断增加，系统的扩展能力显得尤为重要。多层次存储架构通过模块化设计，能够根据需求灵活扩展存储容量和计算能力。同时，通过灵活的存储策略，可以根据数据的变化动态调整存储方案，确保系统始终处于最佳运行状态。这种可扩展性与灵活性为体育课程评价系统的长远发展奠定了坚实基础。

(二) 分布式数据库

分布式数据库是现代信息技术发展的重要产物，其基本概念涉及将数据分布存储在多个物理位置，以提高数据的可访问性和系统的可靠性。在体育课程评价中，分布式数据库通过其独特的结构特点，如数据分片、复制和分布式事务处理，提供了灵活的存储和管理方案。这种结构不仅支持大规模数据的高效管理，还能适应体育课程评价中多样化的数据类型和复杂的分析需求。分布式数据库的应用为体育课程评价提供了坚实的数据基础，支持更精确和全面的评价体系构建。

分布式数据库在体育课程评价中的数据管理优势尤为显著。

首先，其数据分布特性允许将数据存储在不同的地理位置，从而提高了数据访问的速度和效率。这对需要实时分析和反馈的体育课程评价来说尤为重要。

其次，分布式数据库通过数据复制和一致性协议，确保了数据的高可靠性和安全性。这种优势使得体育课程评价系统能够在数据量庞大且更新频繁的情况下，仍然保持高效的运行状态，为教育决策者提供及时、准确的数据支持。

在高可用性与容错机制方面，分布式数据库展现出其独特的优势。通过数据的多点复制和自动故障转移机制，分布式数据库能够在硬件故障或网络中断时，仍然保持系统的连续性和数据的完整性。这种高可用性对于体育课程评价系统至关重要，因为它确保了评价数据的持续可用性和准确性。此外，分布式数据库的容错机制能够自动检测和修复数据不一致问题，进一步提升了系统的可靠性和稳定性。

分布式数据库在数据共享与协同分析中的应用，为体育课程评价提供了新的可能性。通过分布式数据存储和访问控制机制，不同的教育机构和研究团队可以在保证数据安全的前提下，实现数据的共享和协同分析。这种能力促进了跨机构的合作和数据驱动的决策制定，有助于形成更全面和深入的体育课程评价框架。此外，分布式数据库支持复杂的查询和分析操作，为教育研究者提供了强大的数据分析工具。

分布式数据库对实时数据处理与反馈的支持，使其在体育课程评价中发挥了重要作用。在现代教育环境中，实时数据处理能力是评价系统的关键需求之一。分布式数据库通过其快速的数据读取和写入能力，支持实时数据的采集、处理和反馈。这种能力不仅提高了体育课程评价的响应速度，还增强了其对动态变化的适应性，为教育者提供了及时的反馈信息，帮助他们更好地调整教学策略和课程内容。

三、数据处理技术在体育课程评价中的应用

（一）数据清洗与预处理

数据清洗与预处理是大数据技术在体育课程评价中应用的关键步骤。数据清洗涉及识别和纠正或删除数据集中不准确的记录，其在体育课程评价中至关重要。由于体育课程评价需要处理大量复杂的数据，清洗过程可以确保数据的准确性和完整性，从而提高分析结果的可信度。通过消除冗余和错误数据，数据清洗可以为后续分析提供一个更为可靠的基础。

数据清洗的基本概念在于通过系统化的方法去除数据集中的噪声和错误。常见的数据清洗技术包括缺失值处理和异常值检测。在体育课程评价中，缺失值可能会导致分析结果的不准确，因此需要通过插值法、删除法或其他方法进行处理。异常值检测则是识别那些偏离正常范围的数据点，这些数据点可能是由于测量误差或录入错误引起的。通过有效的异常值检测方法，可以确保数据

集的稳定性和准确性。

数据预处理是数据清洗的后续步骤，涉及数据格式转换和标准化。数据格式转换是将不同来源的数据转换为统一格式，以便分析和比较。标准化则是将数据缩放到一个共同的尺度范围内，消除不同量纲之间的影响。在体育课程评价中，标准化处理可以使得不同来源的数据具有可比性，从而增强分析的有效性和结果的解释性。

数据清洗对提高数据质量和分析结果可信度的影响不可忽视。在体育课程评价中，数据质量直接影响到评价结果的准确性和决策的有效性。通过系统的清洗和预处理，能够显著提升数据的质量，从而为科学决策提供坚实的基础。此外，数据清洗还可以帮助识别潜在的模式和趋势，为体育课程的优化和改进提供重要依据。

（二）数据整合与转换

数据整合是指将不同来源的数据进行系统化的收集、整理和统一，以便进行后续分析和应用。在体育课程评价中，数据整合不仅能提高数据的全面性，还能增强数据分析的准确性，为教育决策提供更加可靠的依据。通过有效的数据整合，教育工作者可以获得更为全面的学生表现信息，从而更好地评估课程效果和学生进步情况。

在体育课程评价中，不同数据源的整合是一个复杂而关键的环节。常见的数据源包括传感器数据、移动设备数据和网络数据等。传感器数据可以提供学生在体育活动中的实时运动状态，而移动设备数据则能够捕捉到学生的运动轨迹和生理指标。网络数据可以通过在线平台收集学生的学习行为和反馈信息。将这些多样化的数据源进行融合，能够为体育课程评价提供多维度的视角，帮助教育者更全面地了解学生的学习过程和效果。

然而，数据整合过程中常常面临数据格式不一致的问题。这是由于不同数据源采集的数据类型和格式各异，导致在整合过程中出现了挑战。为了解决这一问题，通常采用数据标准化和格式转换技术，以确保数据能够在同一平台上进行有效整合。通过统一的格式转换，数据能够在不失真、不丢失信息的情况下进行整合，从而为后续的数据分析打下坚实的基础。

数据整合对分析结果的影响是显著的，特别是在提升数据的全面性和准确性方面。通过整合多源数据，分析人员能够获得更为详尽和准确的数据信息，从而提高体育课程评价的科学性和客观性。这种数据全面性和准确性的提升，不仅有助于教师发现课程设计中的不足之处，还能为课程改进提供实证依据，有效促进体育教育质量的提升。

（三）数据挖掘与模式识别

数据挖掘与模式识别在体育课程评价中扮演着关键角色。通过分析大量的体育活动数据，揭示出隐藏的模式和趋势，为课程评价提供科学的依据。数据挖掘的基本概念涉及从大量数据中提取有价值的信息，这在体育课程评价中尤为重要。通过对学生的运动数据进行深入分析，教育工作者可以更准确地评估课程的效果和学生的运动表现，从而制定出更具针对性的教学策略。

在体育课程评价中，常用的数据挖掘技术包括分类、聚类和关联规则挖掘。分类技术可以帮助识别学生的运动能力水平，聚类技术则用于将学生分组，以便进行更有针对性的教学。关联规则挖掘能够揭示出不同运动项目之间的联系，为课程设计提供新的视角。这些技术的应用，使得体育课程评价不仅限于传统的观察和记录，而是借助数据分析提供更为客观和全面的评价。

模式识别技术在运动表现分析中的应用实例表明，其可以有效地识别运动员的动作模式和技术特点。这些技术通过分析运动员的动作数据，帮助教练和教师发现学生在运动中的细微变化，从而优化训练方法，提高其运动表现。此外，模式识别还可以用于监测学生的运动状态，及时发现潜在的运动损伤风险，为学生的健康保驾护航。

通过数据挖掘获取的运动趋势与偏好分析，为体育课程的个性化设计提供了重要参考。数据分析可以揭示学生在不同运动项目上的兴趣和潜力，帮助教师调整课程内容，以更好地满足学生的需求。这种基于数据的课程调整，不仅提高了学生的参与度和增强了其学习效果，也推动了体育教育的个性化发展。

四、数据分析技术在体育课程评价中的应用

（一）统计分析方法

统计分析方法在体育课程评价中扮演着重要角色，它不仅提供了对大量数据的处理工具，还为体育课程改革和优化提供了科学依据。在体育课程中，数据的收集和分析是理解学生运动表现和课程效果的关键环节。统计分析方法的应用，使得教育者能够从海量数据中提取有价值的信息，为课程设计和教学策

略的调整提供坚实的基础。通过数据分析，教师可以识别出不同学生群体的需求，进而实施更具针对性的教学策略。

1. 描述性统计分析

描述性统计分析通过对数据的集中趋势、离散程度和分布形态的分析，帮助教师直观地了解学生的运动能力水平和进步情况。描述性统计分析提供的平均值、标准差、百分位数等指标，可以用来比较不同学生或班级的表现，为个性化教学提供依据。此外，这类分析还能识别出表现异常的学生，帮助教师及时进行干预和指导。

2. 推断统计分析

通过推断统计，教师可以从样本数据中推测总体情况，评估课程对学生体能的影响。常用的方法包括 t 检验、方差分析等，这些方法可以帮助确定课程实施前后学生体能的显著变化。推断统计分析不仅能验证课程的有效性，还能为课程改进提供科学的依据，确保教学策略的合理性和有效性。

3. 多变量统计分析

多变量统计分析在体育课程数据中的综合应用，使得教育者能够同时考虑多个变量之间的关系。通过主成分分析、因子分析等方法，教师可以识别影响学生运动表现的关键因素，以及这些因素之间的相互作用。多变量分析不仅能揭示复杂的数据结构，还能为课程设计提供多维度的视角，帮助优化教学内容和策略，进而提高课程的整体质量和效果。

（二）预测分析模型

作为一种数据驱动的评估工具，预测分析模型通过对大量历史数据的深入挖掘，帮助教育者和研究者更好地理解学生的运动表现和课程效果。这些模型利用统计学和机器学习技术，揭示数据中潜在的模式和趋势，从而为课程设计和教学策略的改进提供有力的支持。在体育课程评价中，预测分析模型不仅可以提高评价的准确性和客观性，还能为未来的课程优化提供科学依据。

其一，预测分析模型的基本概念及其在体育课程评价中的作用是建立在数据科学与教育学交叉领域的前沿技术。通过分析过去的学生运动数据，这些模型能够预测未来的学生表现和课程效果。预测分析模型的核心在于其数据处理能力和算法的智能化程度。通过对历史数据的系统分析，模型能够识别出影响学生运动表现的关键因素，并据此预测学生在不同课程设计下的潜在表现。这种预测能力在体育课程评价中尤为重要，因为它能够为教育决策提供数据支持，帮助教育者优化教学策略。

其二，基于历史数据的预测模型构建方法是预测分析模型成功应用的基础。首先，需要对收集到的大量历史数据进行清洗和整理，以确保数据的准确性和一致性。其次，利用先进的数据挖掘技术和算法，如回归分析、时间序列分析等，构建预测模型。这一过程需要结合体育教育的特点，选择适合的模型参数和算法，以提高模型的预测精度。最后，通过不断的模型训练和优化，实现对学生运动表现的精准预测。

其三，预测分析在学生运动表现趋势预测中的应用为体育课程的设计和调整提供了重要参考。通过对学生历史运动数据的分析，预测模型能够识别出学生运动能力的发展趋势和潜在变化。这种趋势分析不仅有助于教师及时调整教学内容和方法，还能帮助学生制订个性化训练计划，提升其运动表现。此外，预测分析还可以用于评估课程的长期效果，为课程的持续改进和创新提供科学依据。

其四，利用预测分析模型优化体育课程设计的策略是现代体育教育的重要课题。通过对预测分析模型的应用，教育者可以识别出影响课程效果的关键因素，并据此调整课程内容和教学方法。例如，可以根据学生的运动表现趋势，调整课程的训练强度和内容，以更好地满足学生的个体需求。此外，预测分析模型还可以帮助识别课程中的潜在问题，及时进行调整和优化，以提高教学效果和学生满意度。

其五，预测模型评估与验证方法在体育课程评价中的重要性不容忽视。为了确保预测模型的准确性和可靠性，必须对模型进行严格的评估和验证。常用的方法包括交叉验证、留出法和自助法等，通过这些方法可以有效评估模型的泛化能力和预测精度。此外，评估和验证过程还可以帮助发现模型中的不足之处，为进一步的模型优化提供方向。通过科学的评估与验证，预测分析模型在体育课程评价中能够发挥更大的作用，为课程的持续改进提供有力支持。

（三）可视化分析工具

可视化分析工具已经成为现代数据分析过程中不可或缺的一部分，它们通过将复杂的数据转化为易于理解的图形和图表，使得用户可以更直观地洞察数据的内在趋势和模式。在体育课程评价中，利用可视化工具可以更有效地展示学生的运动表现、课程参与度以及相关的健康指标。这种直观的呈现方式不仅提高了数据的可读性，还为教育工作者和决策者提供了重要的参考依据。

可视化分析工具的基本概念在于将数据以图形化的方式呈现，以便更好地理解和分析数据。体育课程评价中，数据可视化的重要性体现在其能够帮助教师和管理者快速识别学生在体育活动中的优劣势，以及发现课程设置中的潜在问题。通过图表、仪表盘等形式，教育者能够迅速作出数据驱动的决策，优化课程结构，进而提高教学效果。

在体育数据分析中，常用的可视化工具包括柱状图、折线图、散点图和热力图等。柱状图适用于展示不同班级或学生的运动成绩对比，折线图则常用于显示学生在某一时间段内的表现趋势。散点图可以帮助识别学生体能与学术成绩之间的关系，而热力图则适合用于分析学生在不同运动项目上的参与热情和表现。这些工具在不同的应用场景中提供了多样化的视角，帮助教育者更全面地理解学生的体育发展。

在数据呈现中，可视化分析工具不仅要关注数据的准确性，还需考虑用户的交互体验。有效的用户交互设计可以增强数据的可视化效果，使用户能够更方便地操作和理解数据。体育课程评价中，用户界面设计应简洁明了，交互元素应易于使用，以便教师和学生能够快速获取所需信息。这种设计不仅提升了用户体验，也促进了数据的有效传播和利用。

通过可视化分析工具，教育者可以更深入地理解体育课程中的数据，从而制定更加科学的教学策略。利用这些工具，教师能够识别学生的个体差异，针对不同学生制订个性化的教学计划。此外，管理者也可以通过数据可视化工具对课程整体效果进行评估，及时调整资源分配，提高课程的整体效益。这些策略的实施有助于提升体育课程的教学质量和学生的学习体验。

五、大数据技术在体育课程评价中的安全与隐私保护

（一）身份认证与访问控制

在大数据技术应用于体育课程评价的过程中，身份认证与访问控制是确保数据安全与用户隐私保护的重要环节。身份认证技术的基本原理是通过验证用户的身份信息来确保只有授权个体能够访问特定资源。这通常通过密码、生物

识别或双因素认证等方式实现。通过有效的身份认证，能够减少未经授权访问的风险，确保数据的安全性和完整性。

访问控制策略在数据保护中发挥着关键作用，通常可以分为自主访问控制、强制访问控制和基于角色的访问控制等类型。在体育课程评价中，基于角色的访问控制模型尤为重要。这种模型通过为不同角色分配不同的权限，确保只有具备相应权限的用户才能进行特定的数据操作，从而提高了数据管理的精细化和安全性。

基于角色的访问控制模型在体育数据管理中的应用，能够有效地支持数据的安全共享和隐私保护。例如，在体育课程评价系统中，教师、学生和管理员可以被分配不同的角色，每个角色具有不同的访问权限。这样不仅提高了系统的安全性，还能促进数据的合理使用和共享，提高了数据的利用效率。

（二）数据匿名化技术

随着大数据的广泛应用，保护用户隐私成为重要课题。数据匿名化技术通过对数据进行处理，使得个人信息无法被直接识别，从而在数据共享和分析中保护隐私。这一技术不仅是法律法规要求的重要组成部分，也是增强用户信任的必要措施。在国内外比较中，不同国家对数据匿名化的实施有着不同的标准和方法，这也导致了技术应用的多样性和复杂性。

数据匿名化的基本概念与目的在于通过对敏感信息进行模糊化处理，使得数据在使用过程中难以追溯到个人。其主要目的是在不影响数据分析价值的前提下，最大限度地保护个人隐私。这种技术不仅应用于体育课程评价的数据处理中，也广泛应用于医疗、金融等领域，显示出其在保护隐私方面的普适性和重要性。通过数据匿名化，机构可以在遵循隐私保护法规的同时，继续进行大规模的数据分析和研究。

数据匿名化技术的主要方法与实现手段包括数据扰动、数据加密、数据聚合等。这些方法各有优劣，适用于不同的应用场景。数据扰动通过添加噪声干扰来保护敏感信息；数据加密通过复杂的算法对数据进行加密处理，使得未经授权的访问无法获取真实信息；数据聚合则通过汇总处理减少个体信息的暴露。这些技术手段在体育课程评价中，尤其是在大规模数据采集和分析中，起到了至关重要的作用。

在体育课程评价中，尽管匿名化处理可能导致数据精度的下降，但通过合理的技术选择和实施，可以在保护隐私与保持数据有效性之间取得平衡。匿名化技术的应用场景较为广泛，包括在线课程评价、体育活动数据分析等。在这些场景中，匿名化技术不仅保护了数据主体的隐私，也为数据分析提供了可靠的基础，使得体育课程评价更加科学和高效。通过不断的技术创新和应用实践，数据匿名化将继续为体育课程评价的安全与隐私保护提供坚实的支持。

（三）数据传输的加密与安全协议

在体育课程评价中，数据传输的加密与安全协议是确保信息安全的关键环节。数据加密技术通过对信息进行编码，使得未经授权的用户无法读取或篡改数据，从而保障了数据的保密性和完整性。加密技术主要分为对称加密和非对称加密两种。对称加密使用相同的密钥进行加密和解密，速度较快，适合大数据量的传输；而非对称加密则使用一对公钥和私钥，尽管速度较慢，但其安全性更高，适用于需要高安全性的场景。了解这两种加密技术的区别及其应用场景，有助于在体育课程评价中选择合适的加密方法。

安全协议的设计原则在于确保数据在传输过程中的完整性、保密性和可用性。完整性保证数据在传输过程中不被篡改，保密性确保只有授权用户才能访问数据，而可用性则要求数据在需要时能被合法用户获取。设计安全协议时，需要综合考虑这些原则，以应对各种潜在的安全威胁。体育课程评价中的数据通常涉及个人隐私，因此，制定安全协议时更需谨慎，确保数据在传输过程中的安全性。

为了确保数据传输的安全，监控与审计机制是必不可少的。这些机制可以帮助及时发现和应对潜在的安全威胁，保障数据的持续安全。通过对数据传输过程的实时监控，可以识别异常活动，并迅速采取措施加以应对。此外，定期的审计可以帮助识别系统中的安全漏洞，并为改进安全策略提供依据。在体育课程评价中，建立完善的监控与审计机制，有助于维护数据传输的安全性，保护用户的隐私。

（四）数据隐私政策与用户知情同意

大数据技术的广泛应用为体育课程评价带来了诸多便利，同时也引发了对数据隐私的关注。数据隐私政策与用户知情同意是确保用户数据合法收集与使用的基石。在制定隐私政策时，必须明确数据的收集目的、使用范围及用户的权利。这些政策不仅需要遵循相关法律法规，还应结合技术发展趋势进行调整。

用户知情同意的机制至关重要，它要求在数据收集和处理前，用户能够充分理解并同意相关操作。这种机制的实现方式可以通过清晰的说明和友好的用户界面来确保，使用户在充分了解的基础上做出知情选择。

数据隐私政策的基本框架与原则是保障用户数据安全的核心。首先，政策应当明确数据的合法收集与使用范围，确保数据处理活动有明确的法律依据和正当目的。其次，政策需要对数据的存储、传输和处理过程进行严格的安全措施，以防止数据泄露和滥用。为了增强用户对数据处理活动的信任，政策中应详细说明用户在数据处理过程中的权利，包括访问、修改和删除其个人数据的权利。这些原则的制定不仅需要考虑当前的法律要求，还应预见未来可能的技术变革，以保持政策的长期有效性和适应性。

用户知情同意的必要性在于确保用户能够对其数据的处理有充分的理解和接受。这一过程不仅是法律的要求，更是尊重用户权利的体现。实现用户知情同意的方式多种多样，包括在数据收集前提供详细的说明文档、设置清晰的同意选项以及提供撤回同意的便捷途径等。通过这些方式，用户能够在充分了解数据处理目的和范围的情况下，自主决定是否参与数据处理活动。这种透明和开放的态度有助于建立用户对数据处理机构的信任，并促进数据处理活动的合法合规。

隐私政策中应包含的数据处理目的、范围及用户权利的明确说明是政策透明度的重要体现。隐私政策应当详细列出数据处理的具体目的，如用于课程评价分析、教学质量改善等。同时，政策需要界定数据处理的范围，包括数据的种类、来源及处理方式。此外，用户在数据处理过程中的权利也应在该政策中得到明确说明，如用户有权访问其个人数据、要求更正不准确的数据以及在法律允许的情况下要求删除其数据。通过这种方式，用户能够清楚地了解其数据将如何被使用，并在必要时行使其合法权利。

第二节　基于云计算技术的体育课程评价

一、基于云计算技术的体育课程评价数据共享

（一）数据共享平台设计

体育课程评价的数据共享平台设计是实现资源高效利用和信息互通的重要

环节。在平台设计中，基本架构的设计至关重要。该架构应包括数据上传、存储和访问模块的功能划分，以确保数据的安全性和可访问性。数据上传模块需要支持多种格式的文件输入，确保数据录入的灵活性和准确性。存储模块须具备强大的数据管理能力，以应对海量数据的存储需求，并提供可靠的数据备份和恢复机制。访问模块的设计则应注重数据的快速检索和高效调用，以确保用户能够及时获取所需信息。

用户界面的设计直接影响到平台的用户体验，因此需要确保界面的友好性和操作的便捷性。通过直观的界面设计，用户可以轻松导航和操作，减少学习成本和使用障碍。界面布局应简洁明了，功能按钮的设计应合理，帮助用户快速找到所需功能。此外，响应式设计还应适应不同设备的屏幕尺寸，以提升用户在各种终端上的使用体验。这种以用户为中心的设计理念，有助于提高平台的使用率和用户满意度。

权限管理机制是数据共享平台设计中不可或缺的一部分，它确保不同用户根据其角色获得相应的数据访问权限，从而保护数据的安全性和隐私性。通过角色分配和权限设置，平台可以限制数据的访问范围，防止未经授权的访问和数据泄露。管理员可以灵活地管理用户权限，动态调整权限设置，以适应不同的使用场景和需求。这种精细化的权限管理机制，为体育课程评价数据的安全共享提供了有力保障。

数据格式的标准化是促进不同系统之间数据互操作性和兼容性的关键，通过统一的数据格式标准，平台可以实现与其他系统的无缝对接，确保数据在不同平台间的流畅传输和共享。这不仅提高了数据的利用效率，也为后续的数据分析和应用提供了坚实基础。标准化的数据格式还可以减少数据转换过程中的误差和信息丢失，提升数据的准确性和可靠性。

实时数据更新机制是数据共享平台的一项重要功能，它确保用户能够获取最新的体育课程评价数据。通过实时的数据同步和更新，平台可以及时反映最新的评价结果和动态变化，支持用户进行及时的决策和调整。这一机制要求平台具备强大的数据处理能力和高效的通信协议，以确保数据更新的及时性和准确性。实时更新不仅提高了数据的时效性，也增强了平台的实用性和用户黏性。

（二）数据共享协议制定

在现代体育课程评价中，数据共享协议的制定是确保数据在多方之间安全、合法流动的关键步骤。数据共享协议是为了在数据共享过程中维护合法性与透明性。通过明确协议条款，各方参与者可以清晰了解数据的使用范围和目的，从而避免潜在的法律纠纷和数据滥用问题。协议不仅是法律文件，更是促进各方信任与合作的基础。

其一，数据使用权限的明确规定是数据共享协议的重要组成部分。协议中需要详细列出数据的访问权限、修改权限和发布权限。这些权限的设定不仅要考虑到数据的安全性，还要兼顾到数据使用的实际需求。通过合理的权限划分，可以有效地防止未经授权的访问和不当使用，同时确保相关人员能够在权限范围内进行必要的操作，从而保障数据的完整性和可靠性。

其二，数据共享协议需要明确规定各参与方在数据使用过程中的责任与义务。在数据共享过程中，各方不仅要对数据的使用负责，还需对数据的安全和保密承担相应的责任。协议应详细说明在数据泄露或滥用情况下的责任追究机制，以此来督促各方在数据处理过程中保持高度的责任感，确保数据的安全流通。

其三，合规性要求是数据共享协议中不可或缺的部分。协议必须确保数据共享过程遵循相关法律法规与行业标准，特别是在保护用户隐私方面。随着全球数据保护法律的日益严格，合规性要求不仅是法律责任，也是企业社会责任的重要体现。通过制定严格的合规性条款，协议可以为数据共享提供法律保障，确保用户信息的安全与隐私。

其四，数据共享协议应建立完善的审核与监控机制。这一机制包括定期审查流程，用以评估数据共享的安全性与有效性。通过定期审查，协议可以及时发现并纠正安全隐患，保证数据共享的持续安全。同时，监控机制还可以为数据共享的改进提供依据，确保协议能够随着技术和法律环境的变化不断更新和完善。

二、基于云计算技术的体育课程协同评价

（一）协同评价流程

协同评价流程在体育课程中扮演着关键角色，它的设计旨在通过多方参与实现更为全面和公正的评价。协同评价流程的基本构成包括明确参与者角色、评价目标和评价标准。参与者角色通常涵盖教师、学生、学校管理者以及外部评价专家等，他们共同制定和完善评价目标，确保评价标准的科学性和可操作

性。通过这样的角色分配，协同评价能够更好地反映课程实际效果，并为后续改进提供依据。

在协同评价过程中，信息共享机制的建立是确保各参与方能够及时获取相关数据和反馈的关键。云计算技术为这一机制的实现提供了强大的技术支持。通过云平台，各参与者可以实时访问评价数据，了解当前的评价进展和结果。这种信息的透明度不仅提高了评价的效率，还增强了各方的参与感和责任感，从而促进了更深入的交流与合作。

协同评价的反馈环节设计同样至关重要。反馈的有效传递能够确保评价结果被所有参与者理解和接受，并在此基础上推动后续的改进措施。这一设计通常包括定期的反馈会议、详细的反馈报告以及个性化的改进建议等。通过这些形式，参与者能够充分了解自身在评价中的表现，并在未来的教学或学习中进行针对性的调整和优化。

技术支持的应用在协同评价中不可或缺，尤其是云计算平台的使用，使得数据能够实时更新和共享，极大地提高了评价效率。云计算技术不仅解决了传统评价中数据滞后和孤立的问题，还为评价的动态调整提供了可能。通过实时的数据分析，参与者可以随时了解评价的最新情况，并根据需要进行灵活的调整和优化。

（二）实时数据同步

实时数据同步在现代体育课程评价中扮演着至关重要的角色，是指在多个参与者之间实现数据的即时更新与共享，确保所有参与者在评价过程中能够获取最新的信息。这一技术的核心在于通过高效的数据传输协议和优化的网络架构，支持数据在不同设备和平台之间的无缝流动。实时数据同步的重要性不仅在于信息的及时性，更在于为参与者提供了一种动态的互动方式，使得各方可以在不断变化的环境中作出更为准确的判断和决策。

在实现实时数据同步的过程中，数据传输协议和网络架构的优化是关键。常用的数据传输协议包括 HTTP、WebSocket 等，它们能够支持大规模并发连接和低延迟的数据传输。网络架构的优化则涉及服务器的负载均衡、数据缓存策略以及传输路径的选择等方面。这些技术手段的结合，使得实时数据同步不仅在技术上可行，而且在实际应用中表现出色，能够有效地支持体育课程评价中的多方协同。

实时数据同步技术的应用极大地提高了体育课程评价的效率。通过实时获取和更新数据，参与者能够迅速作出反应和调整，从而促进快速决策与反馈。这种即时性为评价过程注入了新的活力，使得评价不仅是对过去的总结，更是对当前状态的实时监控和对未来发展的指导。实时数据同步的引入，使得体育课程评价从静态走向动态，从而更好地服务于教育目标的实现。

在协同评价中，实时数据同步的应用实例丰富多样。不同参与者之间的信息流动通过云平台得以实现，教师、学生、管理者等各方可以在同一时间段内访问并更新评价数据。这种信息的流动不仅限于数据的传输，还包括对数据的分析和解读。通过实时数据同步，评价过程中的每一个环节都可以得到及时的反馈，进而形成一个闭环的评价体系，确保各方更好地参与和互动。

（三）多方参与机制

体育课程评价的多方参与机制是指在评价过程中，通过多方协同合作来实现更全面的评价视角和更高效的评价过程。这一机制的基本定义在于强调各方在体育课程评价中的协同合作，确保评价结果的客观性和公正性。多方参与不仅能够丰富评价的视角，还能通过不同利益相关者的参与，增加评价的多样性和深度。在现代教育环境中，体育课程的多方参与机制显得尤为重要，因为它不仅涉及教学效果的评估，还包括对学生综合素质发展的全面考量。

在多方参与机制中，参与者的角色划分需要明确。教师在评价过程中扮演着重要的指导和反馈角色，他们不仅要对学生的表现进行评价，还需根据评价结果调整教学策略。学生作为被评价的主体，他们的自我评价和同伴互评也在评价过程中占据重要地位。家长则通过对学生的课外表现和成长进行反馈，为评价提供更全面的视角。专家作为外部评价者，他们的专业意见可以为课程评价提供科学的指导和建议。明确各方的职责，有助于提高评价的效率和准确性。

信息共享平台的构建是多方参与机制中不可或缺的一部分。通过现代云计算技术，各参与者能够实时获取相关数据和反馈，从而确保评价过程的透明度和信任度。信息共享平台不仅提供了便捷的数据交流渠道，还通过数据的可视化和分析工具，帮助参与者更好地理解评价结果和改进方向。这种透明的信息流动机制，有助于各方在评价过程中形成合力，推动体育课程的持续改进和优化。

为了确保多方参与机制的有效性，需要对其进行定期的评估与优化。通过对评价效果和参与者满意度的审查，可以发现机制运行中的不足之处，并制定相应的改进措施。评估与优化不仅是对现有机制的一种反思，也是推动机制不断完善的重要手段。通过持续的评估和改进，体育课程评价的多方参与机制能够更好地适应教育环境的变化，为课程的高质量发展提供有力支持。

三、云计算技术在体育课程评价中的成本效益分析

（一）成本构成分析

云计算技术在体育课程评价中的应用需要全面分析其成本构成，以确保其经济效益。

1. 初始投资成本

该成本包括硬件设备的采购、软件系统的开发以及云平台的搭建。这些初始投入为云计算技术在体育课程中的应用奠定了基础，但同时也对预算提出了较高要求。此外，云服务的持续运营成本也是不可忽视的一项。数据存储、计算资源的使用以及网络带宽的费用构成了云服务的主要运营成本，这些费用会随着使用量的增加而增长。为了确保系统的正常运行，维护和支持成本同样需要纳入预算考量。这部分成本涵盖了技术支持团队的薪资支出，以及系统的定期更新和安全维护所需的费用，确保系统的稳定性和安全性。

2. 培训成本

教师和学生需要接受新系统和工具的培训，这不仅包括对新软件的操作培训，还涉及学习曲线带来的时间和资源投入。有效的培训能够提高使用效率，减少因不熟悉系统而导致的使用错误和时间浪费。尽管培训成本在初期可能较高，但从长远来看，这种投入有助于提高整体教学和评价效率。

3. 潜在的节约成本

通过提高效率和优化资源配置，云计算技术能够在一定程度上降低传统评价模式中的冗余支出，从而实现经济效益的提升。通过对成本构成的深入分析，我们可以更好地理解云计算技术在体育课程评价中的经济价值，并为其推广应用提供数据支持。

（二）投资回报分析

在当前教育改革的背景下，投资回报分析成为评估云计算技术在体育课程

评价中经济效益的重要工具。投资回报分析的基本概念在于通过系统化的评估方法，衡量投入与产出之间的关系，尤其是在教育领域，这种分析帮助决策者理解技术投资的长期价值。对于云计算技术在体育课程中的应用，其经济效益不仅体现在直接的成本节约上，还包括对教学质量的提升和教育资源的优化配置。通过对投资回报的深入分析，教育管理者能够更好地理解云计算技术在提高体育课程评价效率中的重要性，从而做出更为明智的投资决策。

在具体的量化指标评估中，云计算技术对教学效率的提高尤为显著。通过对数据的实时处理和分析，云计算平台能够快速反馈教学活动中的问题，促进学生学习成果的提升。这种技术的应用不仅缩短了教师在准备和评估上的时间，还通过数据驱动的教学策略，提升了学生的学习体验和成效。量化指标的应用，使得云计算技术的经济效益得以直观呈现，为教育机构提供了明确的投资方向和改进策略，确保教育资源的高效利用。

云计算平台在数据管理与分析中的效率提高，也是其在体育课程评价中经济效益的重要体现。通过云计算技术，教育数据的收集、存储和分析变得更加便捷和高效，这不仅减少了传统数据管理的烦琐流程，还提高了数据的准确性和实时性。云计算技术的应用，既优化了资源的配置，使得教育机构能够更好地分配和利用有限的资源，又降低了运营成本，同时提升了教育服务的质量和效果。这种效率的提高，为教育管理者在资源配置上的决策提供了坚实的支持。

此外，云计算技术对教师教学策略的改进提供了强有力的支持。通过对教学数据的深入分析，教师能够更好地理解学生的学习需求和难点，从而可及时调整课程设计与实施策略。这种基于数据的教学策略改进，不仅提高了课程的针对性和有效性，还促进了教师的专业发展。云计算技术在这一过程中所带来的经济效益，不仅体现在教学质量的提升上，也为教育机构提供了可持续发展的动力，推动了教育创新的不断前进。

衡量云计算技术在提高学生参与度和满意度方面的效果，是评估其对整体教育质量提升贡献的重要环节。通过云计算平台，学生能够获得更加个性化和互动式的学习体验，这不仅提升了他们的学习积极性，还增强了对课程内容的理解和掌握。学生满意度的提升，直接反映了教育质量的提高，也为教育机构带来了良好的声誉和口碑。云计算技术在这一过程中所发挥的作用，体现了其在教育领域的广泛应用潜力和经济价值，为未来教育模式的创新提供了新的思路和方向。

第三节　基于人工智能技术的体育课程评价

一、基于机器学习技术的体育课程评价

（一）模型选择与优化

在体育课程评价中，模型选择与优化是至关重要的环节。模型选择通常需要考虑多种因素，包括数据特征、样本大小和计算资源等。对体育课程评价而言，数据特征的多样性和复杂性要求我们在选择模型时充分考虑其适用性。例如，监督学习适用于有标签数据的场景，而无监督学习更适合发现数据中的潜在结构，强化学习则在动态决策过程中表现出色。针对不同的应用场景，合理选择机器学习模型能够显著提高体育课程评价的准确性和效率。

机器学习模型的基本分类在体育课程评价中具有广泛的应用。监督学习模型，如决策树和支持向量机，常用于对学生表现进行分类和预测；无监督学习可帮助识别学生群体中的潜在模式；强化学习则适合于构建自适应的教学策略。每种模型都有其独特的应用场景和优势，因此在选择时应根据具体的课程评价需求进行权衡。此外，样本大小和计算资源也对模型选择产生重要影响，较大的样本和充足的计算资源允许使用更复杂的模型。

模型优化技术是提升机器学习模型性能的关键，其中参数调优、特征选择和交叉验证是常用的优化方法。参数调优可以通过调整模型的超参数来提高其性能；特征选择通过筛选出最具代表性的数据特征，减少模型的复杂性和计算成本；交叉验证则用于评估模型的泛化能力，确保其在新数据上的稳定表现。在体育课程评价中，合理应用这些优化技术可以帮助提升模型的准确性和可靠性。

不同机器学习算法在体育课程评价中的适用性各有不同。决策树算法以其直观性和易解释性而受到多数人的青睐，适用于对学生成绩的分类和预测；支持向量机则因其在高维空间中处理复杂数据的能力而被广泛应用；神经网络，特别是深度学习模型，适合处理大规模数据和识别复杂模式。在选择合适的算法时，需要根据具体的课程评价目标和数据特征进行综合分析。

（二）数据特征提取

数据特征提取是从原始数据中识别和提取有意义的信息，这一过程对于提升模型的准确性和可解释性至关重要。在体育课程中，原始数据包括运动员的生理参数、运动轨迹以及其他相关的运动表现数据。通过特征提取，可以将这些原始数据转化为更具信息量的特征集，帮助机器学习模型更好地理解和评估体育课程的效果。

特征选择技术的应用是数据特征提取中的重要环节。特征选择旨在通过消除冗余和无关特征来提高模型的性能和效率。在体育课程评价中，数据集通常包含大量的特征，而其中一些特征可能与目标变量无关，甚至会对模型的性能产生负面影响。通过特征选择技术，可以有效减少数据的维度，保留对模型预测最有贡献的特征，从而提高模型的准确性和计算效率。

时间序列数据特征提取方法在体育课程评价中尤为重要，尤其是针对运动数据的动态变化进行分析。体育运动通常具有时间依赖性，运动员的表现会随着时间的推移而变化。时间序列分析方法可以捕捉这些动态变化，帮助识别运动员在不同时间点的表现特点。这对于理解运动员的进步情况以及课程效果具有重要意义。

基于生理数据的特征提取关注心率、步态等生理指标在运动表现中的重要性。心率、步态等生理数据是衡量运动员身体状态和运动强度的重要指标。通过对这些生理数据的特征进行提取，可以更准确地评估运动员的体能状况和运动表现，从而为体育课程的调整和优化提供科学依据。

（三）预测与评估

机器学习技术在体育课程评价中的应用为教育者提供了全新的视角。基于机器学习的预测模型能够有效识别学生运动表现的潜在趋势，从而为个性化训练提供数据支持。这种技术通过对学生过去运动数据的分析，能够预测其未来的运动表现变化。这不仅有助于教师在课程设计中作出更为科学的调整，还能为学生的个性化发展提供切实可行的建议。通过对历史数据的深入挖掘，机器学习技术可以为体育课程的动态调整提供坚实的理论基础和数据支持。

在实际应用中，机器学习算法的应用可以在不同体育项目中建立针对性的评估标准，以便提高课程评价的准确性和可靠性。通过大数据分析，机器学习能够识别出学生在不同项目中的表现差异，并据此制定个性化的评估标准。这种方法不仅能提高评价的客观性，还能帮助教师更好地理解每个学生的独特需求和潜力。利用这些模型，教师可以在课程开始前识别出可能面临的运动技能掌握难点，以便提前制定相应的教学策略。

此外，机器学习技术在评估过程中可以实现实时反馈，帮助学生及时调整训练方法以优化运动效果。这种实时反馈机制使得学生能够在训练过程中随时了解自己的表现，并根据反馈信息进行调整。这种动态的评估方式不仅提高了学生的参与度和积极性，还能有效地促进其运动技能的提升。通过引入机器学习技术，体育课程评价可以实现从静态到动态、从被动到主动的转变，为学生提供更加全面和个性化的学习体验。

二、基于深度学习技术的体育课程评价

（一）深度学习技术在体育数据特征提取中的应用

深度学习技术在体育数据特征提取中的应用具有显著优势，尤其是在自动识别和提取复杂特征方面。传统的特征工程通常依赖于专家的知识和经验，耗时且易受主观影响，而深度学习技术通过其强大的自动化能力，能够大大减少这种需求。卷积神经网络（CNN）作为深度学习的典型代表，因其在处理图像和视频数据方面的卓越表现，被广泛应用于体育领域。通过对运动员在训练和比赛中动态特征的提取，CNN 可以帮助教练和研究人员更好地理解运动员的技术动作和表现，为制订科学的训练计划提供有力的支持。

深度学习在时间序列数据分析中的应用也展现了其独特的优势。运动表现往往随着时间的推移而变化，捕捉这些变化趋势是制订个性化训练计划的关键。深度学习模型能够分析大量的时间序列数据，从中提取出运动表现的变化规律，为运动员的个性化训练提供精确的数据支持。这种能力不仅提升了训练的科学性，还能帮助运动员在竞争中获得优势。

此外，递归神经网络（RNN）等深度学习结构在分析生理数据方面展现出强大的能力。运动员的生理状态与其运动表现密切相关，通过对心率、步态等生理数据的深入分析，RNN 可以揭示运动员生理状态与运动表现之间的复杂关系。这种分析能够帮助教练和运动科学家更准确地评估运动员的状态，优化训

练策略，从而提高运动表现。深度学习技术的应用，正不断推动体育课程评价向更智能化和数据驱动的方向发展。

（二）自适应体育课程深度学习评估模型

自适应体育课程深度学习评估模型是现代体育教育评价领域的一项创新，通过引入深度学习技术，提升体育课程评价的精准性和个性化。该模型的基本构成包括三个关键环节：数据输入、模型训练和输出结果。数据输入阶段，模型从多种来源获取学生的运动表现数据，这些数据经过预处理后用于训练深度学习算法。在模型训练阶段，深度学习算法通过大量的运动数据进行学习，以识别运动表现中的复杂模式和特征。输出结果阶段，模型根据训练的结果生成个性化的评估报告，为教师和学生提供详细的反馈。

自适应能力是该评估模型的核心优势之一。通过实时数据反馈和动态调整机制，模型能够根据学生的个体差异优化评估标准。这种自适应能力的实现依赖于深度学习技术的强大计算能力和灵活性，使得模型能够在不同的教学环境中快速调整评估策略。例如，当检测到学生的运动表现有显著变化时，模型可以自动调整评估标准，以更准确地反映学生的真实水平。这种动态调整机制不仅提高了评估的准确性，还能激励学生在体育课程中不断进步。

为了确保评估模型的透明度和信任度，其可解释性设计至关重要。通过提供详细的评估依据和解释，教师和学生能够理解模型输出的理由。这种可解释性设计有助于促进评估结果的透明度，使得教师在教学过程中能够更好地利用评估结果进行教学调整。同时，学生也能通过理解评估依据，明确自身的优劣势，从而在后续的体育学习中有针对性地进行改进。这种透明的评估机制不仅提高了评估的信任度，也在一定程度上推动了体育课程评价的公平性和科学性。

（三）卷积神经网络在运动动作识别中的运用

卷积神经网络作为一种深度学习模型，在运动动作识别中发挥着重要作用。其核心原理包括卷积层、池化层和全连接层的结构及功能。卷积层通过局部感知和权值共享机制，能够有效地捕捉运动视频中的空间特征，识别出动作的关键细节。池化层通过降维操作，减少计算量的同时保留重要特征，提高了模型的泛化能力。全连接层则负责将提取的特征映射到最终的动作分类结果中。通过这些层次结构，CNN 能够实现对运动动作的高效识别，为体育课程评价提供了技术支持。

在处理视频数据时，卷积神经网络能够提取运动员在训练和比赛中的动态特征，从而提高动作识别的准确性。通过对连续帧的分析，CNN能够捕捉到运动员动作的变化趋势和细微差异。这种能力使得体育课程中的动作评价不再仅仅依赖于静态姿态的识别，而是能够动态地跟踪和评估运动员的动作表现。这种动态特征提取技术不仅提升了动作识别的精度，还为运动员的训练提供了科学依据，帮助他们在技术动作上进行针对性改进。

卷积神经网络在实时运动动作识别中的应用，为体育课程提供了新的评价维度。其实时反馈能力使得运动员能够在训练过程中即时获得动作表现的评估信息，从而进行及时调整。这种实时性不仅提高了训练的效率，还增强了运动员的学习体验。此外，CNN在处理复杂动作和多样化场景时的表现优异，使得其在体育课程中能够适应不同的教学需求，进而提供更为全面的动作评价。

与传统运动动作识别方法相比，卷积神经网络在处理复杂动作和多样化场景中具有明显优势。传统方法往往依赖于预先设定的动作模型或特征提取规则，难以适应多变的运动环境。而CNN通过其深度结构和自适应学习能力，能够自动提取和优化特征表示，从而在复杂场景中保持高效的识别性能。这种优势使得卷积神经网络在体育课程评价中成为一种具有前景的技术手段，为未来的体育教学和训练提供了新的方向。

三、基于自然语言处理技术的体育课程评价

（一）文本数据处理

文本数据处理包括数据清洗、数据转换和数据分析等步骤，这些步骤共同作用以确保数据的准确性和可用性。数据清洗是一个初步步骤，旨在去除噪声和不相关的信息，从而提高数据质量。数据转换则涉及将文本数据转化为适合分析的格式，如将非结构化数据转化为结构化数据。数据分析通过多种技术手段，从清洗和转换后的数据中提取有价值的信息。这一系列步骤不仅提高了数据的可靠性，还为后续的分析提供了坚实的基础。

自然语言处理在体育课程评价中的应用日益广泛，通过文本分析技术，教育工作者可以从学生的反馈中获取深刻的评价信息。这种技术能够自动化地处理大量文本数据，识别出学生对课程的具体意见和建议。通过分析学生的反馈，

教师可以更好地理解学生的需求和期望，从而调整课程设计和教学方法。这种基于自然语言处理的自动化评价方式，不仅提高了评价的效率，还增强了评价的客观性和准确性，为课程的持续改进提供了有力支持。

文本数据预处理技术是自然语言处理的核心环节，包括分词、去停用词和词性标注等方法的使用。这些技术使得复杂的自然语言数据能够被计算机有效的理解和处理。分词技术将文本数据分解为单独的词语，便于后续分析。去停用词则是去除那些对文本分析无关紧要的常用词，以突出重要信息。词性标注则为每个词语赋予词性信息，有助于理解文本的语法结构。这些预处理技术的使用，显著提高了文本分析的精度和效率，为后续的情感分析和数据可视化奠定了基础。

基于自然语言处理的文本数据可视化技术，为展示评价结果和反馈信息提供了有效方式。通过可视化技术，复杂的文本分析结果可以以图表、图形等直观的形式呈现，便于教师和教育管理者快速理解和应用。可视化技术不仅提高了信息传递的效率，还增强了数据的可读性和说服力。可视化技术的应用，使得体育课程评价结果能够更直观地反映在教学改进中，促进了教育决策的科学化和精准化。

（二）语义分析与理解

语义分析的基本原理涉及通过自然语言处理技术从文本中提取关键信息和情感倾向。这一技术的核心在于理解文本的深层含义，而不仅是表面词汇的识别。通过分析学生的语言表达，能够准确捕捉他们对课程的真实感受和反馈。这种技术的应用不仅限于文本的字面翻译，而是深入挖掘其中的情感和态度，为课程的进一步优化提供数据支持。

情感分析是语义分析的重要组成部分，它在体育课程评价中的应用尤为突出。通过识别学生对课程内容的正面或负面情感反应，课程设计者可以更好地理解学生的需求和期望。这种分析不仅有助于识别课程中的优缺点，还能帮助教师调整教学策略，以提高学生的学习体验和参与度。情感分析技术的精准性和实时性，使得课程评价能够动态反映学生的情感变化，从而为课程的持续改进提供可靠依据。

基于语义理解的文本数据挖掘技术，能够从学生的反馈中提取有价值的信息，用于改进课程设计。通过对大量反馈文本的分析，课程设计者可以识别出学生普遍关注的问题和建议。这种数据驱动的方法，使得课程评价不再依赖于主观判断，而是建立在客观数据的基础上。文本数据挖掘技术的应用，不仅提高了评价的科学性，也为课程设计提供了创新的视角和思路。

语义分析在学生满意度评估中的作用至关重要。通过分析反馈文本，能够全面评估课程的有效性和改进空间。学生满意度是衡量课程质量的重要指标，而语义分析技术则为其提供了量化的手段。通过对学生反馈的深度解析，课程设计者可以明确哪些方面需要加强，哪些方面已经取得了良好的效果。这种基于数据的评估方式，提升了课程评价的客观性和准确性。

自然语言处理技术在体育课程评价中的创新应用，正在探索如何利用语义理解提升评价系统的智能化水平。通过智能化的评价系统，能够实现对大量学生反馈的实时分析和自动化处理。这不仅提高了评价的效率，也为课程设计者提供了更为翔实的决策依据。随着技术的不断进步，语义分析与理解将在体育课程评价中发挥越来越重要的作用，为教育质量的提升提供新的动力。

（三）自动化报告生成

自动化报告生成是现代体育课程评价中一项重要的创新技术，它通过自然语言处理技术将复杂的数据分析结果转化为易于理解的报告格式。这一过程涉及将数据转换为文本的技术，使报告不仅包含数据的定量分析，还能提供定性的解释，从而使教育工作者和决策者能够更好地理解和利用这些信息。自动化报告生成的基本概念是通过自然语言处理技术，将原始数据转化为结构化的文本输出，使得报告内容不仅精确且具备可读性和可操作性。

自动化报告生成的主要功能包括实时生成、定制化输出和多格式支持，这些功能能够满足不同用户的需求。实时生成功能使得报告能够在数据更新的同时反映最新的分析结果，确保信息的时效性。定制化输出则允许用户根据特定需求调整报告的内容和格式，以便更好地服务于不同的教学目标和评价标准。多格式支持意味着报告可以以多种形式呈现，如 PDF、HTML 或电子表格等，方便不同平台和设备的使用和分享。

在体育课程评价中，自动化报告生成的应用实例展示了如何利用数据驱动的分析结果进行课程改进和决策支持。通过收集和分析学生的运动表现、参与度和反馈，自动化报告生成系统能够为教师提供详尽的课程评价报告。这些报告不仅能帮助教师识别课程中的优势和不足，还能为课程设计提供实证支持，促进课程的持续改进。例如，通过分析学生在不同运动项目中的表现，教师可以调整教学内容和方法，以更好地满足学生的需求。

自动化报告生成的技术实现包括数据接口、模板设计和内容填充的自动化流程。数据接口负责从各种数据源中提取相关信息，确保数据的准确性和完整性。模板设计为报告的结构和格式提供框架，使报告生成过程标准化和高效化。内容填充的自动化流程则是将分析结果自动嵌入预先设计的模板中，生成最终的报告。这一技术实现过程确保了报告生成的快速性和准确性，减少了人工干预的必要性。

自动化报告生成的优势显而易见，首先，它不仅提高了效率，还减少了人为错误，增强了数据传播的可视化效果。通过自动化的流程，报告生成的速度大大加快，教师和管理者可以更及时地获取评价结果。其次，减少人为干预降低了发生错误的可能性，确保报告的准确性和可靠性。最后，通过可视化的方式呈现数据，报告更容易被理解和应用，促进信息的有效传播和利用。这些优势使得自动化报告生成成为体育课程评价中不可或缺的工具。

四、基于计算机视觉技术的体育课程评价

（一）图像识别与分析

图像识别与分析在现代体育课程评价中扮演着重要角色，其基本原理包括图像捕捉、处理和分析的流程。图像识别技术的核心在于通过计算机视觉系统捕捉运动员的动态影像，并进行数据处理以提取关键特征。在图像捕捉阶段，利用高清摄像设备获取运动员的动作序列，确保数据的清晰度和完整性。接着，通过先进的算法对图像进行处理，去除噪声并增强图像质量。最后，分析阶段则是通过模式识别技术，从捕获的数据中提取有价值的信息，以支持对运动员表现的科学评估。

在运动动作分析中，图像识别技术的应用尤为广泛。通过识别和分析运动员的动作，可以评估其技术水平和动作规范性。这一过程涉及对运动员动作的分解和重构，以便识别出动作中的优缺点。例如，通过对跑步者的步态进行分析，可以识别出其步幅、步频以及落地姿势等细节，从而判断其跑步技术的成熟度。这样的分析不仅可以为运动员提供准确的技术反馈，还能帮助教练制订更具针对性的训练计划，以提升运动员的整体表现。

图像分析技术在运动表现评估中的作用不可忽视，它通过图像数据获取运

动员的生理状态和运动效率。利用图像识别技术，可以监测运动员的心率、呼吸频率等生理指标，进而分析其在运动中的生理负荷和能量消耗。这种分析能够帮助教练了解运动员在不同训练强度下的表现，为优化训练负荷提供科学依据。此外，通过对运动效率的评估，可以识别出运动员在技术动作中的能量浪费点，从而指导其进行技术改进以提高运动表现。

实时图像识别系统的构建，为体育课程提供了即时反馈的能力。这种系统能够在运动员训练或比赛过程中实时捕捉和分析其动作，并立即反馈分析结果。这样的即时反馈机制不仅能帮助运动员在训练中及时调整动作，还能在比赛中提供策略调整建议。这种实时反馈能力的实现，依赖于高效的图像处理算法和强大的计算能力，使得运动员和教练能够在最短时间内获取有用信息，从而提高训练和比赛的效率。

图像识别技术在个性化训练方案中的应用，极大地提升了训练的针对性和有效性。通过分析运动员的图像数据，可以识别其个体特征和动作习惯，从而制定个性化的训练策略。例如，根据运动员的动作习惯和技术短板，调整训练内容和强度，以实现最佳的训练效果。这样的个性化训练方案，不仅能提高运动员的技术水平，还能有效避免因不当训练导致的运动损伤。通过图像识别技术，个性化训练的实现变得更加科学和高效，为体育课程评价带来了新的发展方向。

（二）动作捕捉与评估

动作捕捉与评估在现代体育课程中同样扮演着至关重要的角色。通过动作捕捉技术，传感器能够精准地捕捉运动员的动态表现。这些传感器通常被安装在运动员身体的不同部位，记录下每一个细微的动作变化，形成一个可供分析的数据集。这些数据不仅能帮助教练更好地了解运动员的表现，还能用于分析运动员的技术水平和动作效率。动作捕捉技术的基本原理在于利用传感器收集数据，并通过计算机视觉技术将这些数据转化为可视化的运动轨迹，从而为后续的分析和评估奠定基础。

在体育课程中，动作捕捉设备的类型多种多样，主要包括光学捕捉和惯性捕捉两种。光学捕捉系统通常依赖于多个摄像头来捕捉运动员的动作，通过反射标记点的方式识别运动轨迹，而惯性捕捉则利用加速度计和陀螺仪来感知运动员的动作变化。这两种技术各有其应用场景，光学捕捉适用于对精度要求较高的场合，而惯性捕捉则因其便携性和灵活性，常用于户外或空间受限的环境。

在体育课程中，这些技术的应用不仅提升了课程的科学性，也为运动员提供了更为直观的反馈。

实时处理能力是动作捕捉技术的一大优势，它能够为教练和运动员提供即时的反馈信息。通过快速分析捕捉到的运动数据，教练可以在训练过程中实时调整策略，帮助运动员纠正动作，优化技术。这种即时反馈机制不仅提高了训练效率，也增强了运动员的自信心和学习积极性。与传统的训练方法相比，实时处理能力让动作捕捉技术成为现代体育课程中不可或缺的工具。

动作捕捉技术在个性化训练方案中的应用，极大地增强了体育课程的针对性。根据运动员的具体表现，教练可以利用动作捕捉技术提供的数据，调整训练内容和策略，制定个性化的训练方案。这种因材施教的方式不仅提高了训练的有效性，也激发了运动员的潜力。个性化训练方案的实施，使得每一位运动员都能在其能力范围内得到最大限度的发展，进而推动体育课程的创新与进步。

五、基于人机交互技术的体育课程评价

（一）人机交互在体育课程即时反馈中的应用

人机交互技术在现代体育课程中扮演着十分重要的角色，特别是在提供即时反馈方面。通过高效的反馈机制，学生的运动表现可以被实时分析，教师能够根据分析结果提供个性化的建议。这种即时反馈不仅帮助学生及时纠正错误，还能促进他们学习效果的提升。具体来说，人机交互技术通过收集和分析运动数据，能够识别出学生在运动过程中的优缺点，并以此为基础给出针对性的指导。这种方法不仅提高了学生的运动技能，还提高了他们对体育课程的兴趣和参与度。

可穿戴设备与人机交互技术的结合，为体育课程的个性化教学提供了新的可能性。教师可以通过这些设备实时获取学生的运动数据，及时调整教学策略以满足学生的个性化需求。这种数据驱动的教学方法，使得教师能够更好地理解每个学生的运动能力和学习进度，从而制订出更为精准的教学计划。此外，学生也能够通过设备获取自己的运动数据，了解自身的进步和不足，从而激发他们的自我提升意识。这种双向的反馈机制，极大地促进了教学效果的提升。

人机交互界面的用户友好性是确保学生能够轻松理解和使用反馈信息的重要因素。设计良好的人机交互界面能够提高学生的参与度与主动性。通过直观

的界面设计，学生可以轻松获取反馈信息并进行相应的调整。这不仅提高了学生在体育课程中的学习效率，还增强了他们的自主学习能力。用户友好的界面设计，还能激发学生的学习兴趣，使他们在轻松愉快的氛围中快速掌握运动技能。这种设计理念在现代体育教育中具有重要的应用价值。

在运动技能训练中，人机交互技术通过游戏化的方式提高了学生的学习兴趣。游戏化的训练方法不仅使得枯燥的运动练习变得有趣，还激发了学生的竞争意识和团队合作精神。通过游戏化的设计，学生能够在互动中学习和掌握运动技能，从而增强了他们的运动能力和应用水平。而这种寓教于乐的教学方式，也使得学生在轻松愉快的氛围中提高了运动技能的掌握和应用能力，体现了人机交互技术在体育课程运用中的巨大潜力。

（二）基于交互技术的个性化运动指导系统

基于交互技术的个性化运动指导系统在现代体育课程中扮演着重要角色。该系统通过先进的交互技术为学生提供个性化的运动指导，能够满足不同学生的需求。个性化运动指导系统的用户需求分析是系统设计的核心，确保系统能够根据不同学生的运动水平和目标提供定制化的指导方案。通过深入了解用户的需求，系统可以为每位学生量身定制训练计划，帮助他们在运动中获得最佳训练效果。这样的系统设计不仅提高了学生的运动技能，还增强了他们的学习体验。

交互技术在个性化运动指导中的应用，利用实时反馈机制帮助学生及时调整运动姿势和训练强度，以提高训练效果。通过传感器和智能设备，系统能够实时监测学生的运动状态，并通过语音或视觉反馈及时提供指导。这种即时反馈机制使学生能够在运动过程中不断优化自己的动作，避免错误的积累，从而提高训练的效率和效果。交互技术不仅增强了学生的运动表现，还提高了他们对运动的兴趣和参与度。

个性化运动指系统集成多种交互方式，如语音、触控和视觉反馈，既能增强用户体验，又可促进学生的积极参与和主动学习。多样化的交互方式使学生能够根据自己的喜好选择最适合的互动方式，从而提高学习的自主性和积极性。语音交互可以为学生提供实时的指导和鼓励，而触控和视觉反馈则为学生提供直观的操作和信息展示。通过这些交互方式的结合，个性化运动指导系统能够为学生创造一个沉浸式的学习环境，进而激发他们的学习动力。

个性化运动指导系统的数据分析能力，通过收集和分析用户运动数据，为学生提供科学的训练建议和进步评估。系统能够通过传感器和设备收集学生的运动数据，并运用数据分析技术进行深入分析。这些分析结果可以为学生提供科学的训练建议，帮助他们设定合理的目标和计划。此外，系统还能够对学生的运动进行评估，为他们提供详细的反馈和改进建议。这种数据驱动的指导方式不仅提高了学生的运动表现，还促进了他们的自我反思和持续改进。

（三）增强现实技术在体育技能训练中的替代作用

增强现实技术在体育技能训练中的替代作用日益显著。通过将虚拟元素叠加到真实环境中，增强现实技术为学生提供了沉浸式的学习体验。这种技术的应用使学生能够在仿真的运动情境中进行技能练习。通过这种方式，学生不仅可以更直观地理解运动技巧，还能在安全的环境中进行反复练习，减少了因实际操作而可能带来的受伤风险。同时，增强现实技术的趣味性也极大地激发了学生的学习兴趣和参与积极性，提升了体育课程的整体教学效果。

在体育技能训练中，增强现实技术的另一个重要作用是为教师提供了实时分析学生动作表现的能力。教师可以通过增强现实系统对学生的动作进行详细观察和分析，并根据分析结果提供即时反馈。这种即时反馈机制有助于学生快速发现并纠正错误，从而在短时间内显著提升其技能水平。此外，增强现实技术还可以记录学生在训练过程中的关键数据，为教师的教学评估提供科学依据。这种数据驱动的教学方式使得体育课程评价更加客观和精准，推动了体育教育的现代化发展。

增强现实技术的应用不仅限于提升学生的技能水平，还体现在个性化学习路径的设计上。利用增强现实技术构建的训练系统，可以根据学生的实时表现动态调整训练难度，为每位学生量身定制学习计划。这种个性化的指导方式，充分考虑到学生的个体差异，使得每位学生都能在适合自己的节奏中学习和进步。此外，增强现实技术还可以模拟不同的运动场景，让学生在多样化的环境中进行训练，进一步提高他们的适应能力和综合素质。

通过增强现实技术的应用，体育技能训练的趣味性和安全性得到了显著提升。学生在虚拟环境中进行技能训练，不仅能避免传统训练中的安全隐患，还能在互动中激发学生的学习兴趣。增强现实技术的互动性和趣味性，使得学生在学习过程中始终保持高昂的热情和积极性。这种积极的学习态度，不仅有助于学生掌握运动技能，更有助于他们在体育课程中培养出良好的学习习惯和积极的运动精神，为未来的体育发展奠定坚实的基础。

参考文献

[1] 汤万松. 人本关怀下的体育课程改革研究［M］. 长沙：湖南人民出版社，2023.

[2] 曹晓东，刘留. 体育课程与教学论［M］. 上海：上海交通大学出版社，2023.

[3] 郝明. 体育课程评价理论与实践［M］. 石家庄：河北科学技术出版社，2023.

[4] 赵本志. 信息化视野下体育教学发展问题研究［M］. 西安：西北工业大学出版社，2022.

[5] 赵子建. 体育概论［M］. 重庆：重庆大学出版社，2023.

[6] 付振桐，李文娟，谢飞. 多元视域下的教学模式与评价探究［M］. 北京：中国纺织出版社，2021.

[7] 汪贤泽. 促进学习的教学评价研究［M］. 杭州：浙江工商大学出版社，2023.

[8] 李冬. 现代体育课程教学及健康管理研究［M］. 哈尔滨：北方文艺出版社，2022.

[9] 郭生鼎，黎正成. 体育教学理论与训练实践探索［M］. 哈尔滨：北方文艺出版社，2022.

[10] 于文安. 新时代教育评价基础研究［M］. 厦门：厦门大学出版社，2022.

[11] 张自治. 大学体育与健康教程［M］. 西安：陕西人民出版社，2021.

[12] 张清，张雪，赵兰香. 课堂教学设计与教育评价［M］. 长春：吉林人民出版社，2022.

[13] 倪晨瑾. 生活体育教学设计与实践［M］. 南京：南京出版社，2022.

[14] 王彦飞. 当代学校体育与教学［M］. 赤峰：内蒙古科学技术出版社，2021.